남 자 들 의 방

남 자 들 의 방

남 자 - 되 기 ,
유 흥 업 소 ,
아 가 씨 노 동

오월의봄

황유나 지음

일러두기

1. 단행본, 정기간행물 등은 겹화살괄호(《 》)를,
   논문, 기사, 영화 등은 홑화살괄호(〈 〉)를 사용했다.
2. 이해를 돕기 위해 저자가 말을 덧댄 경우는
   대괄호([ ])를 사용했다.

동시대 젠더와 섹슈얼리티 문제의
전쟁터에 용감하게 뛰어든
여성학 연구자의 중요한 결실

권김현영 | 《여자들의 사회》 저자, 여성학 연구자

성매매와 관련해 언제나 관심이 집중된 건 '2차'였다. 유흥업계에서 '2차'란 곧 성매매를 뜻하는 말이다. 반성매매 운동을 하는 활동가이자 연구자인 저자는 성매매를 가르는 기준선이 어디서부터인지를 묻기 위해 '1차'에서 벌어진 성별화된 노동과 성애화된 서비스의 양상에 집중한다.

성행위가 이루어지지 않는 곳이라고 간주되는 '1차'에서 남성은 손님이고 여성은 접객원이다. 예외도 물론 있겠지만 식품위생법 시행령은 유흥업소 접객원의 성별을 콕 짚어 '여성'이라고 명시하고 있을 정도이니, 기본값이라고 간주해도 무리가 아니다. 유흥업소의 여성 접객원이 남자 손님을 접객할 때 하는 일은 다음과 같다. 손님 옆자리에 착석하기, 담뱃불 붙이기, 술 따르기와 같이 술 마시기, 웃어주기, 사장님이

나 회장님이라고 불러주기, 노래 부를 때 박수 쳐주고 호응해주기, 상대의 매력을 찾아서 칭찬해주기 등등. 성매매라고 불리지는 않으나 성애화되고 성별화된 방식의 노동임은 분명하다. 저자는 이 일을 '아가씨노동'이라는 이름으로 부른다.

유흥업소에서 여성 접객원을 찾는 남자들이 '아가씨노동'을 찾는 이유는 명확하다. '갑'이 되고 싶어서다. 남자들은 각자의 일터에서 을로서 겪었을 각종 '심기노동'의 스트레스를 풀기 위해 여종업원이 접객원으로 나오는 유흥업소가 마련해둔 방에서 잠시나마 '갑'이 되는 체험을 하고, 바로 이런 갑질을 서로에게 선물하며 남성연대를 다진다.

이 책은 한 문장으로 요약할 수 있다. 한국 남자는 언제 어디에서 어떻게 만들어지는가. 저자가 찾아낸 답은 명쾌하다. 한국 남자 상당수는 룸살롱, 노래방 등 각종 '방'에서 여성 접객원이 수행하는 '아가씨노동'을 향유하면서 남자가 되어간다.

또한 이 책은 버닝썬 사건을 중요하게 다루면서 어떻게 해서 룸살롱 문화가 룸에서 끝나지 않고 사회 전체로 확산되는가를 보여준다. 클럽 버닝썬이 각종 성범죄와 탈세 등의 온상으로 지목되었을 때 사회적인 파장이 컸던 이유는 이곳이 룸살롱 같은 소위 '업소'가 아니었기 때문이다. 클럽 버닝썬에 간 여자 손님들은 '접객원'이 아니라 '손님'이다. 하지만 이런 차이는 정작 버닝썬을 지배하는 경영진과 소유주 입장에서는 중요하지 않다. 버닝썬 핵심 관계자인 유명 연예인의 단체 채팅방에서 적나라하게 밝혀진 바 있듯이 무료로 들어간 여자 손님들은 '손님'이 아니라 '물 좋은 게스트'가 되어 클럽 전체의 수질을 책임질 뿐만 아니라, VIP 테이블에 '초대'라는 명목으로 불려가 자신도 모르게 '잠재적인' 접객원이 되었다. 이미 한국의 성산업은 기존의 성매매 관련한 오래된 논쟁들, 즉 자발이냐 강제냐 등의 문제를 초과한 지 오래다.

이 책은 '사회의 매춘화' 과정을 잘 보여주는 논픽션 사회비평이자, 동시대 젠더와 섹슈얼리티 문제의 주요 전쟁터 중 하나에 용감하게 뛰어든 여성학 연구자가 만들어낸 중요한 결실이다. 특히 이 책의 바탕이 된 황유나의 논문 〈유흥산업의 '1차' 영업전략과 여성의 "아가씨노동"〉(2020)은 석사논문으로는 이례적으로 주요 일간지에 인용 및 보도된 바 있다. 바로 그 논문이 책이 되어 나와 더 많은 독자를 만날 수 있게 되다니 동료 연구자로서 뿌듯하고 독자로서 기쁜 일이 아닐 수 없다.

성별화된 자본주의 경제체제와
보편적 여성인권을 고민하는 이들에게
권하고 싶은 책

김주희 | 《레이디 크레딧》 저자, 덕성여대 교수

방room은 정치적 공간이다. 지금으로부터 100여 년 전 버지니아 울프Virginia Woolf는 여성들이 자유롭기 위해서는 자기만의 방이 필요하다고 천명했다. 물론 남성도 다를 바 없다. 다만 버지니아 울프 주변의 상류층 남성들에게는 이미 자기만의 방이 있었다는 차이가 있을 뿐. 인간이 자유롭게 사고하고 휴식을 취하고 때로 글을 쓰기 위해 독립적인 공간은 필수적이다. 이러한 측면에서 방은 인간의 보편적 권리 문제이다. 하지만 개인 남자를 넘어 남자'들'이 모인 방, 남자들의 방에 대해 사유한다면, 이야기가 달라진다. 역사 이래 남자들의 방에서는 대문자 정치가 이루어졌다. 특히 한국에서는 해방 이후 냉전 시대를 지나며 엘리트 남자들의 방에서 밀실정치와 파벌정치가 두드러졌다.

황유나의 이 책은 철저하게 현대 한국의 대중적 상황에 천착한다. 평범한 한국 남자들의 일상과 그들이 결속하는 방이 이 책의 무대이다. 저자는 N번방, 클럽, 벗방 등 온·오프라인을 가로지르는 남자들의 방의 연속선에서 유흥업소의 젠더 정치학을 살펴보고 이를 둘러싼 문화와 제도를 여성주의적 관점에서 분석한다. 주지하다시피 한국의 식품위생법 시행령은 유흥업소에 종사하는 사를 부녀에 한정한다. 역설적으로 여자가 있어야 남자들의 방이 가능한 것이다. 이 방에서 남자들은 '부녀자'와 함께 술을 마시고 노래를 부르고 춤을 추면서 흥을 낸다. 이 방의 여자들은 놀면서 돈을 번다고 알려졌다. 하지만 저자는 질문한다. 남자들의 방에서 여성들은 남자들과 함께, 같은 방식으로 유흥을 즐기는 것일까?

책에 따르면 놀이, 즐거움, 유흥이라는 인간의 기본적인 본성조차 성별화된 시장과 제도를 거치면서 성차별적이고 여성 착취적으로 구성되고 있다. 수익 창출을 극대화하는 방식으로 남자들의 방이 고안되고 분화하면서, 함께 먹고 마시며 즐기는 인간의 활동은 시장이 고양하는 남성중심적 문화에 의존한다. 특히 저자는 '아가씨노동'이라는 개념을 통해 여성들이 유흥업소에서 수행하는 다양한 노동과 함께 1차(필연적으로 '2차'를 암시하는)가 이루어지는 방의 현장을 드러낸다. 무언가 딱한 사연이 있을 것이라 기대되는 이들 여성은 '아가씨'라 불리며 아가씨로서의 각종 요구를 수행하고 '테이블 비용'

을 받는다. 남자들의 방에서 아가씨들의 역할과 존재는 테이블과 마찬가지로 시스템화되어 있다.

　내가 꼽는 이 책의 백미는 유흥산업을 둘러싼 다양한 법정책을 일별하며 제도적 개입을 모색하는 마지막 장면이다. 획기적인 해결책을 내놓았다는 게 아니라, 유흥업소 여성들이 마주하는 실질적 문제에 섬세하게 개입하고자 사유하는 저자의 성실한 지적 태도에 경탄하게 된다. 나아가 저자는 유흥업소의 본질적인 문제는 결국 종속적 성별 권력관계와 이를 합리화하는 경제 논리라고 단언한다. 남자들의 유흥이 타인-여성의 감정과 몸에 의존한다고 가정되어 거대한 상품시장이 끝없이 재발명되는 상황에서 유흥은 여성과 남성에게 같은 의미일 수 없다. 자본주의 경제체제의 성별화된 작동원리와 보편적 여성인권에 대한 고민을 이어가고자 하는 이들이 이 책을 읽어보길 바란다.

차례

추천사
동시대 젠더와 섹슈얼리티 문제의 전쟁터에 용감하게 뛰어든 • **5**
여성학 연구자의 중요한 결실 — 권김현영
성별화된 자본주의 경제체제와 보편적 여성인권을 고민하는 이들에게 • **9**
권하고 싶은 책 — 김주희

프롤로그 '남자'를 만드는 흥겨움 • **15**

1장. 남자들의 방

버닝썬과 아레나   **23**

이것은 새로운 이야기일까? | 차별의 규칙이 만드는 클럽의 장소성 | 끝까지 돈을 쓰고 진짜 남자가 돼라 | 여성 착취를 은폐하는 놀이문화 | 누가, 어떻게 책임질 것인가

남자들의 방: N번방, 룸살롱, 단톡방, 벗방   **49**

'남자'의 방이 아닌 '남자들'의 방 | '남자'는 어떻게 만들어지는가 | 디지털 세계의 남성화된 규범 | 수익을 창출하는 '남자들의 방' | 변모하는 집단성? | 남자-되기의 과정에 개입하기

유흥업소, 제도화된 남자들의 방   **70**

여성혐오 산업의 전범 | 유흥업소 '1차'의 성정치 | 유흥업소 관리의 역사 | 여성 종사자를 공급하는 보도방의 등장 | 유흥업소 라벨링

2장. 룸살롱 공화국의 '흥겨움'

유흥업소의 영업전략   91

대체 뭐가 그렇게 좋을까? │ 유흥업소의 '1차' 영업전략

남성 손님의 '흥겨움'   111

폭력을 감추는 데이트 놀이 │ 자기 자랑과 허세 │ 시중받는 '갑'되기

3장. 유흥종사자의 아가씨노동

아가씨노동   131

'아가씨'는 누구인가 │ 아가씨노동

유흥종사자의 아가씨노동   139

전체를 파악하는 아가씨되기 │ 파트너를 보좌하는 아가씨되기 │ 분위기를 띄우는 아가씨되기 │ 만취를 유도하는 아가씨되기

유흥업소 위험의 외주화   174

그것은 우연한 사고가 아니다 │ 위험을 속이는 유흥산업 │ 고립된 여성 종사자 │ 여성의 자기보호 전략과 한계 │ '자유로운 일'로의 전환 │ 법적 개입의 어려움

에필로그 답을 찾아가는 여정 위에서 • 221

주(註) • **225** │ 참고문헌 • **241**

'남자'를 만드는 흥겨움

유흥종사자란 손님과 함께 술을 마시거나 노래 또는 춤으로 손님의 유흥을 돋우는 부녀자인 유흥접객원을 말한다.
― 식품위생법 시행령 제22조 제1항

성매매 피해 지원 활동을 하면서 마주친 이런저런 성산업 업종 가운데 유흥업소에 관심을 갖게 된 건 '유흥'이라는 단어가 주는 괴이쩍음 때문이었다. 2013년부터 내가 일하고 있는 성매매 피해 지원 상담소를 방문한 여성들이 들려준 유흥업소에 대한 이야기는 즐거움, 흥겨움과는 전혀 상관이 없었다. 그들이 유흥업소에서 겪은 폭언과 무시, 멸시와 침범에 대한 증언을 들려줄수록 나는 유흥업소를 '유흥'업소라고 부르기 싫어졌다. 분명 유흥업소에서는 성매매뿐 아니라 각종 폭력과 차별이 난무하거늘, 흥겨운 놀이를 의미하는 '유흥'이라는 단어가 그 무게를 감춰버리는 것 같았다. '유흥'업소라고 유흥업소를 명명함에 따라 그곳에서 발생하는 인권 침해적 요소들은 수면 아래로 가라앉고, 유흥업소는 보편적으로 누구나 신나는 공간인 것처럼 의미화된다. 남성이 곧 시민이고 인간이기에, 남성이 즐겁다면 곧 '보편적인 인간' 모두가 즐거운 것이라는 사고의 흔적을 '유흥'업소라는 말에서 찾을 수 있다. 유흥업소는 남성의 흥을 위해 여성이 멸시당하는 공간이지만 여성의 경험은 보편적인 경험이 아니므로 '여성멸시업소'가 아니라 '(남성)유흥업소'로 불려왔다.

유흥업소는 합법적으로 여성이 남성의 '흥'을 위해 일하는 공간이다. 식품위생법 시행령은 '유흥종사자'의 성별을 여성으로 제한한다. 여자가 같이 술을 마시고 노래를 해야 남자가 재밌다는 사회적 통념은 통념을 넘어 법으로 공식화된다. "남자끼리 모이면 재미없다. 여자가 있어야지"라는 말이 괜히 나온 게 아니다. 여자만 일할 수 있다고 법으로 규정된 직종은 유흥업소를 제외하면 세상 어디에도 없다.[1]

국가는 '성교행위'나 '유사성교행위'인 성매매 없이 여성이 남성을 '접대'하기만 한다며 유흥업소와 유흥종사자를 합법적인 영역에 남겨두었다. 인권이나 평등과 같은 가치가 아니라 '성교행위'가 불법과 합법의 경계를 가른다. 유흥업소 '접대' 과정에서 남성 손님들이 여성 종사자에게 어떤 종류의 일을 요구하는지, 유흥업소 관리자들이 여성 종사자가 어떤 일을 하도록 조장하는지, 왜 여성 종사자들은 '접대'라는 이름으로 성차별적이고 부정의한 폭력을 감내해야 하는지는 법에 적혀 있지 않다. 제도적으로나 사회문화적으로나 유흥업소를 방문하는 남성 손님들은 처벌받지 않는다. 반면 유흥업소에서 일하는 여성들은 사회적 낙인을 감수해야 한다.

왜 남성이 흥겨우려면 여성이 필요한지, 여성이 무엇을 하면 남성이 흥겨워지는지, 왜 남성의 흥겨움이 여성의 일로 만들어지는지, 질문은 사라진 지 오래다. 남성을 흥겹게 만들기 위해 여성이 일하는 게 당연한 사회적·법적 토대 위에서 한국의 남성들은 노래방, 단란주점, 유흥주점 어디에서든 여성 도우미를 부를 수 있다. 여성이 남성을 흥겹게 한다는 논리는 사회문화적으로도 당연하게 여겨진다. '비즈니스', 다시 말해 사업하고 영업하고 정치하는 남성들은 유흥업소를 안 갈 수 없다(라고 말한다). 영화, 드라마 같은 각종 매체에서 재현하듯이 남성 사업가들, 남성 정치인들은 룸살롱에서 만난다. 간혹 특권층 사이의 '성접대'는 사회적 물의를 빚기도 했다. 그러나 조선일보 방 사장 사건,[2] 김학의 전 법무차관 사건[3]이 그러하듯 이들의 '성접대 사건'은 사회적 파장을 일으켰지만 극히 미미한 처벌에 그쳤다.

한국 사회는 유흥업소에서 빈번하게 성매매를 알선하는 현실을 잘 알고 있다. 그럼에도 국가는 유흥업소에서 성매매가 종식되도록 조치를 취하기보다는 남성 손님의 안전한 성구매를 위해 여성 종사자의 신체를 관리하는 방법을 택했다. 유흥종사자는 주기적으로 성병 검사를 받아야 유흥주점에서 일할 수 있다. 성병 검진을 하면 '보건증'을 발급받는다. 내가 상담소에서 만난 여성들 가운데 다수는 이 '보건증'을 피해 업소를 옮겨 다닌다. 주기적인 성병 검사를 이유로 채혈을 너무 자주해서 이제는 주사기만 갖다 대도 핏줄이 저절로 숨는다고 한탄한다. 성교행위 및 유사성교행위가 없는 '접대'라는 이유로 유흥업소는 합법적으로 운영되지만, 유흥업소에서 일하는 여성들은 성매개 감염병의 전염을 방지하기 위해 성병 검사를 받아야 하는 아이러니. 남성의 안전한 성구매를 전 사회가 지지하는 듯하다.

이렇게 제도적·문화적인 용인 속에서 형성된 한국의 유흥산업은 남성의 쾌락을 위한 여성 거래의 진원지로 기능한다. 'N번방', 그 전의 '버닝썬 게이트', 그리고 연예계와 정치권을 비롯한 '성접대' 사건들처럼 '강간문화'를 '강간산업'으로 전환하는 발 빠른 남성 자본가들에게 기존의 유흥산업은 닮아야 할 롤모델과 같다. 여성을 거래 가능한 상품으로 격하시키는 방법은 여성을 성적으로 대상화하고, 혐오하고 멸시해 마땅한 집단으로 묶어버리는 것이다. 아무리 침범해도, 무시해도, 함부로 대해도 괜찮다는, 오히려 그 모든 폭력의 원인이 여성에게 있다고 조장하는 논리를 바탕으로 여성을 향한 폭력은 비가시화된다. 이렇게 여성을 혐오하고 차별하는 행위를 적극적으로 행하는 과정에서 남성 간의 우정이 싹트고 그들은 '남자'가 된다.

　이 책은 '(이성애자) 남자'를 만들고, '(이성애자) 남자'만 즐거운 '유흥'의 중심에 여성혐오와 차별이 어떻게 위치하고, 정당화되는지를 질문한다. 제1장은 사회적 파장에도 불구하고 주요 관계자들의 처벌은 극히 미미하게 종결된 '버닝썬 게이트'를 중심으로, 최근 대두된 'N번방', '단톡방 성희롱'과 같은 '남자들의 방'이 여성을 타자화·대상화함으로써 남성의 집단적인 흥겨움을 만들고 이를 바탕으로 남성연대를 꾀해온 오래된 남성 '비즈니스'의 일환이라는 점에 주목한다. 그리고 바로 이 남자들의 방이 제도로서 안착한 사례 중 하나로 유흥산업이 어떻게 스스로를 시장경제의 일부로 치환시켰는지 그 전략을 살펴보고자 한다.

　제2장은 유흥산업의 돈벌이를 가능하게 하는 한국 남성의 '흥겨움'에 집중한다. '룸살롱'으로 대표되는 유흥업소들이 어떻게 여성을 남성에게 종속시키고 이를 '영업전략'으로 활용하는지, 그 장치에 힘입어 남성들은 유흥업소에서 어떤 흥겨움을 얻고자 하는지, 10만 원의 접대비와 수십만 원을 호가하는 술값을 지불하면서 남성들이 누리는 흥겨움은 무엇인지 유흥종사자로 일했던 여성들의 경험을 바탕으로 탐문한다. 그리고 유흥산업이 이 흥겨움을 조장하고 유지하는 영업전략

을 구체적으로 들여다볼 것이다.

제3장에서는 유흥업소 '접대' 과정에서 여성 종사자가 수행하는 일의 장면을 포착해, 그동안 '쉽게 놀면서 돈 버는 일'이라는 사회적 수사에 갇혀 관심의 대상이 되지 못했던 이 유흥업소 여성 종사자('아가씨')의 일을 '아가씨노동'으로 명명했다. 여성 노동을 여자라면 누구나 할 수 있는 일로 치부하며 여성 노동 전반을 폄하해온 사회적 맥락에 '아가씨의 일' 역시 위치시키고자 하는 작업이다. 또한 남성의 흥겨움을 만드는 과정에서 유흥종사자가 경험하는 위험을 어떻게 유흥산업이 여성 개개인의 책임으로 떠맡기는지 살펴볼 것이다.

반성매매인권행동 이룸에서 활동하며 관계 맺은 성판매(경험) 여성들과 동료 활동가들이 나에게 나누어준 통찰과 사유는 이 책의 저본인 논문 〈유흥산업의 '1차' 영업전략과 여성의 "아가씨노동"〉(2020)을 비롯해 유흥산업 및 성매매산업에 대한 질문을 이어나갈 수 있는 힘이었다. 생존을 위해 매 순간 치열하게 살아온, 그럼에도 이유 없이 삶을 덮치는 낙인과 차별에 맞서야 했던 여성들은 자신이 경험한 폭력과 착취를 다른 여성들은 경험하지 않기를 소망하는 마음으로 이야기를 들려줬다. 그 소망이 이루어지는 길에 이 책이 보탬이 될 수 있기를 나 역시 소망한다.

남자들의
방

버닝썬과 아레나

이것은 새로운 이야기일까?

웬만하면 한강 남쪽으로 내려가지 않았건만 갓 취업한 친구들과 퇴근 동선을 맞추다보니 강남 신사역에서 약속을 잡았다. 근방의 맛집에서 신나게 밀린 이야기를 나누고 다음 장소로 이동하던 도중, '삐끼'가 다가왔다. 귀에 이동식 마이크를 꽂은 남자들이 친구를 붙들고 막무가내로 자기네 가게로 가자고 팔을 잡아끌었다. 모두 함께 정색하고 팔을 뿌리치고 빠르게 걸었다. 최대한 그 남성과 비슷한 차림으로 배회하는 사람들과는 눈을 안 마주치려 노력하며 길을 걸으면서 '이게 뭔가' 싶어 어이가 없었고 기분은 점점 나빠졌다. '어떻게 동의 한 번 없이 사람의 팔을 잡을 수 있지?' 낚아채고 끌어당

기고 놔주지 않는 그들의 방식은 '손님'을 모객하기 위한 방법이라기에는 너무 무례했다.

버닝썬 사건을 처음 접했을 때 재생된 10년 전의 기억이었다. 클럽에서 종종 놀던 친구들이 들려준 이야기도 떠올랐다. '공짜 술'을 먹으러 클럽을 가면 가방부터 맡겨야 한다는 말, 웨이터의 손에 이끌려 이 방, 저 방을 들어간다는 말, 소위 '좋은' 학교에 다닌다고 소개하면 남자들이 조심스럽게 대해서 편하다는 이야기…….

2018년 클럽 버닝썬에서 일어난 폭행 사건이 경찰과의 유착 사건으로 번지고,* 그 안에서 마약 유통과 약물 성폭력 사건이 있었다는 것이 알려졌다. 그리고 이 사건은 버닝썬을 운영하던 연예인 승리의 성접대, 승리의 지인인 남성 연예인들의 불법촬영과 불법촬영물 유포, 성폭력 사건으로 점점 확장됐다. 사건이 확장되는 과정을 보며 나는 버닝썬을 공부하기 시작했다. 내 주변에서 들었던 클럽, 내가 경험한 클럽은 불쾌한 경험도 있었지만 놀기에도 무리는 없는 공간이었다. 하지만 버닝썬은 여성이 놀기에는 큰 위험을 감수해야 하는 폭력의 온상처럼 보였다. 어떻게 이렇게 다양한 폭력과 범죄

---

* 버닝썬 사건은 2018년 김 모 씨가 클럽 버닝썬의 가드들에게 집단적인 폭행을 당했지만 이 사건을 경찰이 제대로 조사하지 않고 오히려 폭행 피해자인 자신을 가해자로 체포했으며, 이 과정에서 경찰의 폭행이 있었다는 폭로로 공론화가 시작되었다.

가 단 하나의 클럽에서 가능했던 건지, 이것이 버닝썬만의 특징인 건지 질문이 꼬리에 꼬리를 물었다.

'어떻게 버닝썬에서는 놀이가 여성에 대한 폭력이 되고 마약, 성폭력, 검경유착, 불법촬영, 성매매 등 각종 범죄가 난무했을까?' 결론부터 말하자면, 클럽 버닝썬의 유명세와 수익률을 이끌었던 성별화된 영업구조와 신자유주의적인 영업전략은 동시에 폭력의 가능성을 극대화하는 장치이기도 했다. 버닝썬의 영업 방식은 새롭지 않다. 나이트클럽과 룸살롱, 강남의 애프터클럽(유흥업소 종사자들을 대상으로 새벽부터 아침까지 영업하는 클럽)은 여성을 상품화하고 남성을 소비자로 만들되 클럽 소유자의 경제적·법적 책임은 회피하며 높은 수익을 창출한다는 공통의 목적을 달성하고자 서로의 영업전략을 모사하고 조금씩 변형해왔다.

그중에서도 버닝썬은 강남의 애프터클럽인 아레나의 영업 방식을 그대로 차용했다. 아레나는 버닝썬의 공동대표 이문호가 엠디MD(머천다이저, 영업사원)로 일했던 클럽으로, 강남 유흥업계에서 19개의 유흥업소를 운영하는 큰손인 강 모 씨가 실소유주인 곳인데, 유흥업소 종사자만 주로 오던 애프터클럽을 일반인에게 적극적으로 오픈해 큰 수익을 창출했다.**

** 클럽 아레나가 버닝썬의 원형으로 알려진 뒤, 아레나의 소유주인 강 모 씨는 200억 원대의 탈세 혐의로 재판을 받게 되었다. 아레나는 2019년 4월 7일에 폐업했다.

버닝썬과 아레나는 사라졌지만 버닝썬 게이트를 가능하게 했던 이들의 영업전략은 여전히 유흥산업을 움직이는 중이다.

차별의 규칙이 만드는 클럽의 장소성

버닝썬은 엄격한 '입뺀'* '입장컷' '입상 거부'로 유명했다. 버닝썬이 영업 방식을 모사한 아레나 역시 까다롭게 입장 여부를 결정했고, 아무도 그 기준을 정의할 수 없었다. 복장과 스타일링이 그 기준이라지만 매뉴얼이나 객관적인 기준으로 고객의 입장을 거부하는 것이 아니었기 때문에 출입구의 ('가드'라고 불리는) 보안 요원의 주관적인 판단에 따라 입장이 가능하기도, 불가능하기도 했다. 워낙 입장하기 어렵다고 소문이 나다보니 유튜버들은 강남 클럽 입장에 도전하는 콘텐츠를 제작하기도 했고 입장할 수 있었던 사람들은 입장을 거부당하지 않았다는 사실만으로 은근한 자부심을 드러내기도 했다.

버닝썬과 아레나의 입장 방식이 한국 사람들에게 선망과 재미, 도전의 영역이었다면 외국인들에게는 항의거리였던 것으로 보인다. 버닝썬의 페이스북 페이지[4]에서는 문제가 될 만

---

*   입구 뺀찌, 즉 입장 거부를 말하는 은어.

한 복장이 아니었음에도 입장하지 못한 사람들의 항의글을 찾아볼 수 있다. 클럽 버닝썬은 인종차별주의자racist들이며 보안 요원은 무례하고 외국인을 받지 않는 차별적인 공간이라는 문제 제기들이었다. 클럽 아레나에 대해서도 마찬가지 문제 제기가 있었다. 한 외국인 방문객은 드레스코드와 나이를 이유로 아레나의 입장을 거부당했다며 다른 이들도 비슷한 상황을 겪을 시 국가인권위원회로 문제 제기할 것을 권했다.[5] 사람의 외모와 나이를 이유로 가게 입구에서 고객을 한 명씩 평가하고 입장을 거부하는 행태는 조금만 생각해봐도 평등과는 거리가 멀다. 하지만 한국 사회는 이와 같은 차별적 절차를 거부하고 이에 저항하기보다는 나의 입장 여부를 판단할 권한을 기꺼이 클럽 보안 요원에게 맡기고 그 기묘한 경쟁에 도전하기를 선택한 것으로 보인다.

외모, 복장, 나이를 기준으로 한 차별은 성별과 교차하면서 더 강력하게 클럽을 지배한다. 클럽을 홍보하는 엠디들은 온라인에 "여성은 무료입장 가능"하니 개별적으로 연락하라는 글을 반복적으로 올리곤 했다. 실제로 클럽의 여성 게스트는 개인적으로 연락할 수 있는 엠디가 있으면 무료입장이 가능하기 때문에, 엠디와 알고 지내는 것도 능력이라 말한다. 언뜻 '여성만 무료입장' 정책은 여성 우대 정책처럼 보인다. 하지만 이는 전형적인 성차별적 장치로, 클럽 안에서 여성 게스트를 남성에게 의존적인 위치로 박제하는 기능을 한다. 무료입장 여부 역시 엠디의 주관적인 판단에 따라 달라진다. 출입 권한은 여전히 내 손에 없다. 나의 나이와 외모를 엠디가 어떻게 평가하는지에 따라 무료입장 가능 여부가 결정된다. 엠디는 높은 주대를 약속하고 테이블 자리를 예약한 자신이 관리하는 남성 테이블 게스트와 무료로 입장시킨 여성 게스트와의 만남을 알선하는 방식으로 테이블 게스트를 관리한다. 그 과정에서 무료로 입장한 여성 게스트는 엠디가 테이블 게스트를 돌보기 위해 활용하는 상품, 용역이 된다.

이런 입장 시스템에 대해 남성들은 어떻게 생각하고 있을까? 남성은 돈을 내고, 여성만 무료입장이라니 '역차별'이라고 생각하지 않을까? '역차별'에 민감한 한국 남성들이 왜 클럽에 항의하지 않았을까? 나는 유튜브 검색창에 "클럽 여자 무료입장"을 쳐봤다. 〈왜? 여성만 무료입장 시켜주는걸까? (클럽, 술집, 헌팅+더치페이 문제)〉라는 제목의 영상을 찾을 수 있었다.[6] 영상 제작자는 평소 자신이 갖고 있던 의문과 불만이라며 클럽의 무료입장과 '더치페이'를 하나의 문제로 엮었다. 전형적인 여성혐오적 '역차별' 주장으로 충분히 온라인에서 호응을 불러일으킬 법한 소재였음에도, 댓글을 보니 별다른 반향을 일으키지 못한 것 같았다. 오히려 당연한 걸 질문한다는 타박을 찾을 수 있었는데 내용은 다음과 같다. "왜긴. 남탕이면 남자들이 잘 안 오니까. 여자들 성비가 좋아야 남자들이 많이 오고 남자들이 많아야 매상이 오르니깐. 클럽을 음악만 들으러 가나? 여자의 수질 수량이 매상을 좌우하는 거지"
"그게 아니라 여자가 있어야 남자가 가는데 대다수의 보통 평범한 여자들은 저런 이벤트나 무료가 있어야 더 가지 저런 거 없으면 가는 여자사람 비율 확 떨어질 걸? 그게 바로 장사꾼들의 전략" "여자가 무료[입장이어]야 여자가 클럽에 많아지고 여자가 많아야 클럽이 흥하지. 생각이 없냐?"

이런 댓글들은 클럽이 성차별을 활용하는 방법을 정확히 보여준다. 인간을 남성과 여성으로 분류한 뒤 남성은 돈으로, 여성은 남성의 돈을 끌어오는 매개체이자 상품으로 활용하는 클럽의 영업전략. 입장거부는 단독으로 작동하지 않는다. 입장 거부, 여성 무료입장, 주로 남성을 대상으로 한 테이블 게스트 관리(여성은 플로어, 남성은 테이블)는 클럽 공간의 규칙을 함께 만들어낸다. 이때 여성은 무엇보다 클럽의 '수질'을 높이는 중요한 상품이다. 그렇기 때문에 클럽의 홍보 이미지는 모두 여성으로 채워진다. 모두가 즐겁게 노는 흥겨운 장면이 아니라 떼로 있는 여성들과 특정한 신체적 이미지를 재현하고 있는 개별 여성을 보여줘야 우리 클럽이 얼마나 돈을 쓸 만한 가치가 있는지 증명할 수 있다. 클럽에서 판매하는 술과 디제이DJ는 부차적인 상품이다. 클럽의 '수질'과 '수량'은 여성 신체로 가늠되기 때문에 '물 좋은 게스트'는 여성만을 지칭한다. 클럽의 분위기를 띄우기 위해 공짜로 제공되는 서비스 테이블 역시 '예쁜 여자'와 '잘 노는 여자'에게만 제공된다.

페미니스트 지리학자 린다 맥도웰Linda McDowell은 "장소는 경계를 규정하는 규칙들을 구성하는 권력관계를 통해 만들어"지며 특정한 장소를 구성하는 경계들이 "경험의 위치나 현장뿐만 아니라 누가 어떤 공간에 속하는지, 누가 제외되어도 괜찮은지 등을 정해준다"라고 지적한 바 있다.[7] 버닝썬과 아레나를 비롯한 한국의 클럽은 테이블은 남성, 플로어는 여성이라는 권력관계를 세팅하고, 이와 같은 차별적인 구도를 강화하는 장치로 입장거부 정책, 무료입장, 서비스 테이블, 홍보 이미지를 배치한다. 여성학자 김주희는 이러한 배치를 통한 클럽 경제를 "테이블의 성경제"라 지칭한다. 남성은 높은 주대를 감당하는 테이블 손님으로, 여성은 무료로도 입장 가능한 플로어에 배치하는 버닝썬과 아레나의 전략은 여성을 테이블이라는 '기회'를 갖기 위해 폭력을 감당해야 하는 존재로 격하시키고 남성이 자행하는 폭력을 여성에게 제공되는 '기회'로 번역한다.[8]

버닝썬과 아레나는 강남 유흥업계를 지배하고 있는 성차별적인 공간적 실천을 모방하고 활용하되 성차별의 책임으로부터 멀어질 수 있는 몇 가지 장치를 더했다. 앞서 언급한 것처럼 아레나가 있기 전부터 나이트클럽은 여성을 상품으로 활용해왔다. 여성을 무료로 입장시켜준다고 호객하고 웨이터는 여성이 나이트클럽에 입장하는 순간 가방을 빼앗아 마음대로 클럽을 나가지 못하게 한다. 공짜 술을 마실 수 있다는 빌미로 여성은 웨이터의 손에 이끌려 해당 웨이터가 관리하는 남자들의 방을 전전해야 한다. 유흥주점은 어떠한가. 유흥주점은 많은 여성 종사자를 확보하고 남성 손님에게 이들을 '초이스'할 권한을 주며, 여성 종사자들은 남성 손님에게 '초이스'되어야만 돈을 벌 수 있기 때문에 남자들의 방에서 발생하는 폭력과 추행, 희롱을 참는 것은 돈을 벌 '기회'를 얻기 위한 필수조건이 된다.

이렇게 이미 한국의 유흥문화가 차별적으로 구성되어 있었기 때문에 한국의 클러버들이 강남 클럽의 차별적인 선별 방식과 폐쇄성을 의문 없이 수용할 수 있었던 데 반해 외국 클러버들은 차별의 감각을 좀더 빠르게 인식할 수 있었던 것은 아닐까.

끝까지 돈을 쓰고 진짜 남자가 돼라

테이블 게스트가 되는 방법: 요일, 테이블 위치에 따라 다르게 책정된 '최소한'의 술값 이상을 제시해 엠디를 통해 테이블 경매에 참여한다. 당신의 술값이 다른 사람의 술값보다 비싸다면 승리!

버닝썬 관련 기사를 읽어본 사람이라면 1억 원을 호가한다는 '만수르 세트'를 들어보았을 것이다. 엠디들은 자신의 고객들이 제안한 금액으로 영업일 밤 10시에 조판회의*를 한다. 서로 제시한 금액에 따라 테이블 사용 여부와 위치를 결정하는 조판회의 시스템은 남성 게스트의 경쟁심을 자극해 무리하게 큰돈을 지출하도록 유도한다. 테이블 경쟁에서 이기기 위해 몇백만 원, 몇천만 원을 호가하는 술을 주문하는 것이다. 남성들이 이렇게 말도 안 되는 술값을 지출해가면서까지 테이블을 잡는 심리는 뭘까?

당연히 테이블을 '남성'만 잡을 수 있는 건 아니다. 성별에 상관없이 누구든 돈만 있으면 클럽의 테이블을 차지할 수 있다. 하지만 클럽의 성차별적인 세팅은 테이블을 차지하는 의미를 성별에 따라 다르게 만든다. 남성 게스트에게 테이블을 잡는다는 것은 처음 보는 사람들과 돈을 모아서라도 경쟁해볼 만한 가치가 있는 것이지만,** 상대적으로 여성 게스트에게는 그 돈을 쓰느니 '물 좋은 게스트'로 무료입장하는 것이 낫다는 선택지를 암시하고 조장한다. 클럽의 테이블 가격은 단순한 술값이 아니다. 자릿세라고만 하기도 어렵다. 남성

---

* 어떤 손님을 어떤 위치의 테이블에 배치할지 엠디들이 모여서 논의하는 자리로 큰돈을 제시한 손님일수록 좋은 위치의 테이블을 차지할 가능성이 높아진다.

** 테이블을 차지하기 위해 서로 모르는 사람들이 돈을 모아 경매에 참여하는 것을 '조각'이라고 부른다.

게스트는 테이블을 차지함으로써 편하게 앉을 수 있는 자리
뿐 아니라 힘 있고 돈 있는 우월한 남성이라는 주변으로부터
의 주목과 인정, 테이블에 마음에 드는 여성을 앉힐 수 있는
권한, 돈 있는 남성을 자기 고객으로 관리하고자 하는 엠디로
부터 여성 게스트를 계속 조달받을 수 있는 위치를 획득한다.
반면 여성 게스트는 동일한 돈을 지불해 테이블을 차지하더
라도 편안한 자리와 주목 정도를 누릴 뿐이다.

　　클럽에서 받을 수 있는 주목과 선망 어린 시선 역시 성별
화되어 있다. 제일 비싼 자리를 잡은 여성이 되기보다는 누구
나 데려다 테이블에 앉히고 싶은 여성이 되는 게 낫다. 돈을
과시하는 행위가 매력으로 해석되는 건 남성뿐이다. 여성의
소비는 '사치'로 번역된다. 인정받을 만한 '여성성'의 내용에
돈을 많이 쓰는 여성은 포함되어 있지 않다. 사회적으로 통용
되는 미적 기준에 맞게 신체를 관리하고 변형하는 과정이야
말로 인정받을 만한 '여자'의 일이다.

　　지금까지의 논의를 정리하자면, 기존의 주류 남성유흥
산업을 모방해 수익을 창출하는 클럽은 '입장 거부' '여성만
무료입장' '홍보 이미지의 성별화'를 통해 남성을 클럽의 주
된 수입원으로, 여성을 남성이라는 수입원을 유인할 상품으
로 구성했다는 것이다. 테이블을 남성이 많이 차지하는 것은
"남성의 재력" 때문이라는 의견도 있지만[9] 이는 사후적 분석
이다. 클럽은 성별화의 장치를 곳곳에 배치해 '테이블=남성,

플로어=여성'의 구도를 유지하고 그것을 사방에서 암시한다. 애초에 누구를 상품화함으로써 누구의 지갑을 열어 수익을 창출할 것인지, 시나리오는 이미 완성되어 있다.

이처럼 성별화를 통해 수익을 창출하는 클럽의 전략은 한국 사회를 지배하는 젠더 이분법과 성별성에 기대고 있다. 여성학자 권김현영은 한국 사회에서 폭력을 무마할 수 있을 정도의 특권층 남성의 힘이야말로 남성성의 징표가 되었다고 분석한다. 폭력이 있었지만 책임지지 않고 넘어간 전 법무차관 김학의 사건, 조선일보 방 사장 사건은 헤게모니적 남성이 자신의 힘을 실현한 대표적인 사례다. 그에 따르면 버닝썬에서 드러난 남성 집단의 구매력 경쟁과 과시는 주류 남성이 되고자 하는 동경과 선망을 실현하는 실천이다.[10] 돈을 지출한 만큼 엠디는 열성적으로 여성을 조달하고 테이블에 앉은 남성은 상대방의 동의 없이 플로어의 여성을 선택해 옆에 앉히거나 테이블 위로 올릴 수 있다.* 폭력을 놀이로 전환할 수 있는 '힘 있는' 남성은 그 전환의 순간을 통해 '진짜 남자'가 되며, 그 순간을 클럽의 모든 행위자들이 주목한다. 다른 사람들의 선망과 동경의 시선은 힘 있는 남자로 거듭나기 위한 필수적인 조건이다.

즉, "주목이 오늘날 가장 큰 가치"[11]가 된 주목경제

---

* 이를 클럽에서는 '인형뽑기'라고 부른다.

attention economy 사회에서 클럽 안의 시선을 결집시킬 수 있는 구매력은 곧 남성성의 실천, 남자됨이다. 테이블과 비싼 양주를 시켜야만 누릴 수 있는 불꽃쇼, 샴페인걸의 서빙과 접대(비싼 술을 시키면 노출이 심한 옷을 입은 여성들이 술을 서빙하고 해당 테이블에 앉아서 대화를 나눈다), 클럽 안의 모두가 볼 수 있는 전광판에 메모를 남길 수 있는 권한을 통해 클럽은 남성 게스트들에게 '어서 돈을 써서 진짜 남자가 돼라'고, 남성성을 과시하라고 부추긴다. 그러나 구매력과 시각적 서비스를 통해 획득한 '주목'이라는 가치는 찰나에 사라질 뿐이다. 주목의 유지는 한계까지 치닫는 자극을 통해 달성할 수 있고,[12] 그 자극을 유지하는 방법은 반복적으로 비싼 술을 구매하는 것뿐이다. 남성 게스트의 테이블 비용을 포함한 술값이 남성성을 획득하는 비용으로 전환되면서 클럽의 테이블은 남성의 몫으로 배치된다. 클럽에서 남성들은 춤을 추고 음악을 즐기는 즐거움이 아닌, 여성에게 폭력적으로 굴어도 괜찮을 수 있는 '힘 있는 남성이 되는 즐거움'을 위해 돈을 소비한다.

여성 착취를 은폐하는 놀이문화

클럽에서 재밌고 신나게 춤추고 놀기만 하면 얼마나 좋을까? 상호 동의한 신체적 접촉은 문제될 일도 아니고, 호감을 드러내고 소위 '썸 타는' 분위기를 즐기는 것도 문제가 아니다. 상호 간에 흐르는 성적 긴장감은 충분히 즐거움일 수 있고 끝없이 자극적으로 쾅쾅 울리는 음악만으로도 기분은 고조될 수 있다. 간혹 소동이 발생하거나 위험한 상황이 벌어지더라도 적절히 대응할 수 있는 환경이라면 무시하고 노는 것도 가능하다. 술에 취하고 싶은 사람은 술에 취하고, 춤을 추고 싶은 사람은 춤을 추면 되는 일 아닌가?

그런데 어쩌다 클럽은 '여자라면 안 가는 게 좋은 공간'의 대명사가 되어버렸을까?

제가 먼저 부탁드리고 싶은 게 여자분들 강남클럽 가지 마세요. 제 주변에도 반반한 여자들 강남클럽 갔다가 섭외당해서 인생 조진 애들, 꼬인 애들 많습니다.

버닝썬 사건이 공론화되고 온라인 커뮤니티에서 공공연하게 회자되던 〈강남 클럽의 생태계〉라는 글이 있다. 위의 문장은 글쓴이가 강남 클럽의 위험성을 경고하며 쓴 글의 일부다.

"그러니까 클럽 같은 데를 가지 말았어야지, 모르고 갔어?"라며 여성을 비난하는 사람들도 많고, 버닝썬으로 대화하다 보면 마지막에는 여자는 클럽 가지 말고 조심해야 된다고 끝나요.

2019년, 버닝썬 게이트에 대한 강의를 종종했다. 마지막에 참가자들의 질문을 받을 때 꼭 나오던 질문이 바로 '여자 탓'을 하면서 '여자 걱정'하는 사람들에 대한 질문이었다. 버닝썬 게이트의 해법으로 '여성들이 위험하니까 조심하라'라는 의견을 제시하는 건 클럽이 조성한 성별화된 위험을 여성 탓으로 돌리는 남성중심 사회의 가장 쉬운 방법에 불과하다. 〈강남 클럽의 생태계〉의 저 문장은 어떻게 보면 협박에 가깝다. '이 글을 읽고도 강남 클럽을 가? 갈 거면 인생 조지는 거 감수하고 가라'라는 협박. 하지만 저 글에서는 '클럽 좀 다녔다고 인생 꼬이게 만드는 작자들'에 대한 해법은 찾을 수 없다. 어떻게 클럽이 여성에게 위험과 놀이의 경계 위에 아슬아슬하게 위치하게 되었는지, 왜 남성은 걱정하지 않아도 되는 성폭력을 피하느라 여성들은 밤에 춤추러 놀러갈 수도 없는 것인지는 질문하지 않는다.

한국의 유흥업계는 여성을 상품화하는 방법 말고는 수익을 창출하는 방법을 모르는 듯하다. 그렇다보니 성별이나 나이 등에 관계없이 누구나 추구할 수 있는 즐거움을 지칭하는 '유흥'이라는 말이, 한국 사회에서는 남성만의 즐거움을 뜻하는 것처럼 보인다. 클럽은 한국 유흥산업의 일부분이지만 유흥주점처럼 여성의 상품화를 적극적으로 티 내지는 않는다. 여성을 상품화함으로써 수익을 창출한다는 공통점에도 불구하고 클럽의 업주들이 유흥주점이 아닌 클럽을 운영하기로

택한 것은 유흥종사자를 두려면 세금부터 갑절이 되니 세금을 피하기 위한 방책일 수도 있고,* 유흥주점에 비해 클럽은 상대적으로 세련된 젊은이들의 문화공간으로 여겨지기 때문일 수도 있다.

적극적으로 여성 상품화를 티 내지 않는다 하더라도, 클럽은 남성유흥산업의 다양한 업종 중 하나로 위치한다. 앞서 짚었듯이 여성도 클럽에 놀러가지만, 클럽의 운영 규칙은 여성 게스트를 상품으로 격하한다. 다양한 즐거움 중 클럽에서 여성에게 허락된 즐거움은 '여자-되기'의 즐거움으로 제한된다. 남성 게스트에게 허락된 즐거움이 구매력을 통한 '남자-되기'의 즐거움이며 그 '남자-되기'에 여성을 성적으로 대상화해 침범하는 폭력이 내재해 있다면, 그 짝인 '여자-되기'의 즐거움이란 의존성과 종속성을 내포하는 것이다. 클럽이 여성들에게 제공하는 것은 고작 아픈 발을 쉴 수 있는 자리와 공짜 술, 성범죄의 위험성 따위지만 클럽은 여성들의 존재와 행위를 통해 돈을 번다. 클럽은 상품으로서의 여성을 활용하면서도, 고용하고 관리하는 비용을 지불하지 않고 무상으로 여성을 착취해 수익을 창출한다. 그들의 어법으로 하자면, 여자가 있어야 남자가 돈을 쓰는데 클럽은 여자에게 돈을 쓰지

---

* 연예인 승리가 소유한 것으로 알려진 몽키뮤지엄처럼 클럽이지만 일반음식점으로 등록하는 경우도 다반사다. 유흥종사자를 둘 수 있는 유흥주점에는 부가가치세에 더해 개별소비세, 재산세, 취득세가 책정된다.

않는다. 이것이 착취다.

여성은 클럽에서 돌아다니는 것만으로도 클럽의 이윤을 창출한다. 클럽에 여성 게스트가 없다면, 혹여 있더라도 남성이 성적으로 대상화하고 접근할 수 있는 여성이 아니라면 남성들은 그 클럽에 가지 않거나 오랫동안 머무르며 술을 시키지 않을 것이다. 클럽은 '여성의 이미지'로 홍보되고, 여성화된 몸 덕분에 굴러간다. 여성 게스트는 클럽에 입장하기 위해 신체를 관리하고 화장을 해야 하며 '여자다운' 복장을 갖춰야 한다. 만약 엠디를 통해 클럽에 입장했다면 엠디가 알선한 남성 게스트들의 테이블에 가서 대화를 나누고 술을 마셔야 한다. 만약 입장료를 지불하고 플로어 게스트로 입장했다면 테이블 게스트들이 여성을 대상으로 '인형뽑기'를 할 수 있다는 규칙을 따라야 한다. 테이블 게스트와 연결되지 않더라도 여성 게스트는 클럽 내부에 존재하는 것만으로 클럽의 수익을 만들어내는 상품으로 기능한다.

보통 SNS 등 온라인 공간에서의 디지털 노동을 분석할 때 티지니아 테라노바Tiziana Terranova의 '무임자유노동free labor' 개념을 활용한다.[13] 고용되어 있지 않고 정해진 임금이 없으며 자유롭게 수행하는 인터넷 사용자들의 노동이 디지털 산업의 수익을 창출하고 유지한다는 무임자유노동 개념은 클럽을 돌아가게 하는 여성 게스트들의 수행을 노동 착취의 관점에서 들여다볼 수 있는 가능성을 제시한다. 클럽의 누구도 여성들에게 임금을 주지 않지만 클럽은 여성이 있기에 돈을 번다. 전형적인 '무임자유노동'이다.

여성 게스트들은 자신이 착취되고 있다고 인식하지 않고 '놀이'를 하고 있다고 생각한다. 한편으로는 클럽에 입장하고 남성들에게 선택받는 위치를 욕망하고 선망하기에 클럽에서 '여자'로 패싱되는 경험 자체가 즐거움이기도 하다. 남자-되기의 즐거움처럼, '매력적인 여자-되기'의 즐거움은 클럽이 여성 게스트에게 용인한 유일한 즐거움이다. 클럽에서 여성은 '여자'일 때만 즐거울 수 있다. '여자'의 몸을 하지 않으면 음악과 술을 소비할 자격도 없다.

클럽은 여성이 필요하지만 돈은 쓰고 싶지 않았고 남성 중심 사회가 만들어낸 여성의 '여자-되기'라는 욕망을 강화해 지출을 줄이되 여성으로 클럽을 채우는 전략을 사용했다. 하지만 그것만으로는 상품인 여성을 충분히 조달할 수 없기 때문에 무료입장과 서비스 테이블로 여성 게스트를 유입하거나 클럽과 연결된 유흥업소의 여성 종사자들을 적극적으로 조달했다.* 클럽의 수입 대부분이 여성의 존재와 움직임으로 가능했지만 여성들에 대한 대가나 책임은 없었다. 오히려 남성 테이블 게스트가 여성 게스트를 신체적으로 침범하고 폭력을

---

* 클럽 아레나가 대표적이다. 아레나의 업주 강 모 씨는 자신이 운영하는 다른 유흥주점의 여성 종사자로 클럽을 채워 아레나의 '수질' 평판을 높였고, 버닝썬 역시 영업 초반 이와 같은 방식을 차용했다.

자행할 수 있는 환경을 적극적으로 조성하거나 방조해 테이블 게스트를 관리하고자 했다. 여성학자 김주희에 따르면 클럽에 입장할 때 여성이 거치는 선별 과정과 무료입장의 절차는 여성들을 "잘 주는 애들"로 인종화·범주화한다. 이 때문에 버닝썬 게이트의 연루자들은 성폭력과 성매매를 폭력이 아닌 우발적인 사건으로 인식한다.[14] 스스로 노출이 심한 옷을 입고 공짜 술을 마시러 온 "잘 주는 애들"에게 성폭력은 폭력이 아니라는 클럽의 암묵적인 규율은 버닝썬에서 발생한 각종 성범죄의 든든한 뒷배이자 토양이었다.

누가, 어떻게 책임질 것인가

클럽에서 은폐되어왔던 여성에 대한 폭력과 착취가 전 사회에 드러났다. 이와 유사한 문제가 재발하지 않으려면 장기적으로는 여성을 클럽에 못 가게 하는 것이 아니라 어떻게 하면 여성을 상품화하고 착취하는 남성만의 유흥을 벗어나 차별 없이 누구나 즐거운 공간을 만들 수 있을지를 고민해야 한다. 그리고 그 전에 지금까지의 클럽 운영 관행과 여성에게 전가된 위험에 대한 책임을 엄중히 묻는 작업이 필요하다. 그러나 작금의 현실은 폭력을 폭력이 아니게 만들었던 헤게모니적 남성성을 해체하지는 못할망정 그 헤게모니적 남성성에 힘을 실어주는 결과들로만 가득할 뿐이다.

버닝썬 게이트 사안으로 제일 주목받았던 가수 승리는 재판 한 번 받지 않은 채 입대했다.[15] 유착관계가 의심되었던 경찰들은 어떠할까? 버닝썬과 유착관계가 의심되었던 강남경찰서는 매년 말 이뤄지는 성과등급에서 2018년보다 한 단계 상승한 A등급을 받았다. 버닝썬 가드들에 의한 김 모 씨 폭행 사건에서 적절한 의료적 조치를 하지 않은 혐의를 받은 경찰관 A 씨는 징계혐의가 중하지 않다는 이유로 포상 점수만 감점되었고, 부정청탁 및 금품 등 수수의 금지에 대한 법률(일명 '김영란법') 위반으로 대기발령 조치를 받았던 석 모 경정은 2020년 2월 서울 관악경찰서 신림지구대장으로 복귀했다. 특정범죄가중법상 알선수재죄 위반, 자본시장법 위반, 직권남용권리행사방해, 증거인멸교사 등의 혐의를 받았던 윤규근 총경은 1심에서 모든 혐의에 대해 무죄를 선고받았다. 클럽 버닝썬의 미성년자 출입 사건을 무마하는 명목으로 특정범죄가중법 위반 혐의를 받은 전직 경찰 강 모 씨는 2심에서 무죄 판결을 받았다.

승리와 함께 2015년부터 2016년까지 2년 동안 총 24회의 성매매 알선 혐의와 업무상횡령 혐의 등을 받는 유리홀딩스 전 대표 유인석은 모든 혐의를 인정했고 성매매 알선, 업무상횡령, 식품위생법 위반 등의 혐의로 징역 1년 8개월에 집행유예 3년의 판결이 확정됐다. 업무상횡령 혐의의 상대방인

1장. 남자들의 방

윤규근 총경의 혐의는 1심에서 모두 무죄, 2심에서 벌금형을 선고받았으나 2021년 5월, 윤규근은 벌금형에 불복해 상고장을 제출했다. 버닝썬의 엠디였던 김 모 씨는 성매매 알선 혐의로 벌금 200만 원의 약식명령을 받는 데 그쳤다. 마약투여 및 유통과 약물 성폭력에 연루된 유명 연예인과 엠디들은 그나마 기소의견으로 검찰에 넘겨지고, 형량에 대한 재판이 이어지는 중이다.

버닝썬에서 벌어진 범죄와 그 가해자들이 이후에 어떤 처벌을 받았는지 살피다보면, 마약 관련 범죄 이외의 범죄에 대해서는 엄중한 법적 처벌이 이루어진 사례를 찾기 어렵다. 일례로 버닝썬 게이트는 약물 성폭력 등 성범죄의 온상으로 가시화되었지만, 성폭력과 성매매를 조장한 클럽의 환경에 대해 책임을 지는 사람은 없다. 여성을 상품화하고 여성에 대한 폭력을 조장·방조함으로써 높은 수익을 가져갔건만 가장 높은 수익을 가져간 투자자들에게 이에 대한 혐의는 묻지 않는다. 불법 성매매를 알선하지 않았기 때문에 투자자들이 버닝썬을 통해 얻은 수익은 몰수·추징의 대상이 아니다. 이것은 아레나의 소유주인 강 모 씨에 대해서도 마찬가지인데, 그는 다수의 유흥업소를 운영하며 세금을 탈루한 혐의를 받고 있지만 유흥업소에서 일어났을 성매매 알선에 대한 몰수·추징 논의는 찾기 어렵다.

2019년 버닝썬이 범죄의 온상으로 밝혀지면서 폭력과

범죄의 주된 행위자로 지목된 건 엠디였다. 특히 버닝썬의 공동대표인 이문호가 클럽 아레나의 영업직원, 즉 엠디 출신이라는 점이 밝혀지고, 마약 유통책인 애나 역시 버닝썬의 엠디였으며, 버닝썬에서 성관계 동영상을 불법촬영하고 유포한 사람 역시 엠디로 알려지면서 엠디는 클럽에서 발생한 폭력의 핵심으로 급부상했다. 하지만 외국 투자자 린 사모와 전원산업은 폭력의 배경으로만 등장했을 뿐 어떤 조사도 받지 않았고, 아무도 그들에게 책임을 묻지 않았다.

사실 엠디는 클럽의 손님인 '게스트'를 모집하는 영업책에 불과하다. 예전 나이트클럽의 웨이터가 그러했듯 손님을 호객하고 술을 판매한다. 보통 엠디는 자신이 주선한 테이블 비용의 10~20퍼센트를 수수료로 가져가고, 여성 게스트가 특정 엠디를 통해 클럽에 입장할 경우 그 여성 게스트가 클럽에 머문 시간과 여성의 외모에 따라 책정된 알선비를 챙긴다. 그러나 여성 게스트 알선비는 1인당 몇천 원에 불과하며, 엠디의 주된 수입원은 테이블 비용이다. 클럽에서 모든 고객 관리(호객을 위해 필요한 여성 게스트부터 테이블 게스트까지)는 엠디를 통해 이루어진다.

엠디는 자신의 유일한 수익을 안정적으로 확보하기 위해 돈줄이 될 수 있는, 즉 높은 테이블 비용을 부담할 수 있는 남성 고객들을 열성적으로 관리한다. 유일한 수익 창출원인 남성 고객의 기대를 충족시키기 위한 고객 관리에 마약 유통,

성접대, 성폭력이 포함되는 것이다. 엠디가 클럽의 성별화된 운영 방식을 적극적으로 조장하고 활용하는 행위자인 것은 사실이다. 하지만 클럽의 폭력과 차별을 방조하고 활용해 발생한 수익을 가장 많이 가져간 이들은 엠디가 아니라 투자자들이다.

고정적인 수입 없이 200명이 넘는 엠디들 사이에서 매일 '조판회의'를 통해 고객을 위한 테이블을 선점해야 돈을 벌 수 있는 엠디의 불안정한 위치는 수익을 위해 범죄도 불사하는 현실을 만들었다. 유연한 고용을 통해 소유주와 투자자는 책임으로부터 도망간다. 돈이 필요한 사람들끼리 경쟁하고 폭력에 무뎌지는 환경을 조성함으로써 누구보다 고수익을 챙겼지만 그들이 방임하고 방조한 경쟁과 폭력은 엠디와 남성 게스트, 여성 게스트의 책임으로만 남는다.

수입의 위계에서 높은 위치에 있는 사람일수록 가장 적은 책임을 지는 클럽의 시스템은 한국 유흥업소의 시스템과 유사하다. 유흥업소에서도 고정급을 지급하는 고용형태는 찾아보기 어렵다. 대체로 마담이나 업소 관리자는 술을 판매한 금액에서 수수료를 받고, 웨이터들도 손님의 팁으로 보수를 충당한다. 유흥업소 종사자 역시 테이블 건마다 책정된 테이블비가 보수의 전부일 뿐, 출근한다고 해서 보장받을 수 있는 고정급은 없다. 이미 유연할 대로 유연하다.

버닝썬과 아레나의 경우처럼 거대 자본을 끌어올 수 있

다면 투자자로만 남는 게 이득이다. 직접 손님을 호객하고 여성을 관리하고 폭력적인 상황을 만들고 감내하면서 이를 통해 수익을 유지하는 작업은 엠디, 유흥업소 종사자 같은 하루 벌어 하루 사는 사람들이 '스스로' 할 것이기 때문이다. 오히려 투자자들은 피해를 본 사람처럼 여겨지기도 한다. 하지만 투자자들은 성별화된 클럽의 말도 안 되게 높은 수익률을 알면서 투자했고, 차별을 경유한 이윤을 취했다. 이들의 죄, 책임은 어떻게 물을 수 있을까?

한편, 버닝썬과 아레나 사건은 한국의 남성유흥산업의 연장선에서 발발한 사건이지 돌출적인 이벤트가 아니다. 아레나, 버닝썬과 같은 강남의 애프터클럽들은 유흥업소 종사자가 많이 와서 유흥업소와 비슷한 분위기를 띠는 것이 아니다. 클럽의 영업전략 자체가 유흥업소의 성별화 전략을 차용한 것이고, 따라서 유흥업소가 재생산하는 이성애중심적 성별성과 차별과 폭력의 문제가 클럽에서도 반복되는 것이다. 지금도 여전히 유흥업소는 동일한 구조로 돈을 벌고 있으며 버닝썬과 아레나 사건과 유사한 사건이 비일비재하게 일어난다. 당연하다. 폭력의 가능성을 암시하면서 돈을 벌고 있는데, 폭력이 없을 리 없다. 이를 도외시하고 경찰과의 유착과 약물 카르텔 문제로만 버닝썬의 문제를 설명한다면 버닝썬은 몇몇 인물들의 유책 사건으로만 남는다. 하지만 버닝썬에서 발생한 일은 남성의 유흥을 위해 조직된 공간에서 언제나 발생한다. 이런 산업을 부흥시킨 책임은 누가, 어떻게 안고 가야 하는 것일까?

법의 테두리 안에서 불법적인 요소만 질문한다면 이와 같은 질문들은 무용지물로 남는다. 범죄를 내재한 유흥문화의 문제는 법을 넘어 질문되어야 한다. 어떤 이는 클럽을 '일탈문화'로 규정하지만, 한국 사회가 공통적으로 지향하는 가치가 평등과 인권이라면 아레나와 버닝썬의 운영법은 용인되지도, 그곳에 그렇게 많은 사람들이 방문하지도 않았을 것이다. 이미 한국 사회에서 돈과 외모를 통한 선별과 차별이 만연하기 때문에 클럽에서의 차별도 가능했다. 그렇기 때문에 클럽에서 일어나는 차별과 혐오, 폭력은 현 사회로부터의 '일탈'이 아니라 현 사회의 '반영'에 불과하다. 버닝썬에 개입하려면 버닝썬의 토양이 된 한국 사회의 전면화된 유흥산업을 먼저 문제 삼아야 한다. 또한 유흥산업을 바꾸려면 지금과 같이 남성만을 위한 유흥산업을 당연하게 여겨왔던 한국 사회의 분위기를 다시 돌아볼 필요가 있다. 우리 사회는 남성유흥산업을 '밤문화', '지하경제'라며 방치한 채 그 안에서 벌어지는 차별과 폭력은 외면하기 일쑤다. 폭력이 발생하는 환경이 어떻게, 누구의 이익을 위해 유지되는지를 묻지 않는다면 버닝썬 사건은 다시 발생할 것이다.

2020년 7월, 여성단체들은 박원순 서울시장의 성폭력 사건에 문제를 제기하며 서울시의 책임을 적극적으로 물었다. 여성들은 시장의 심기를 일방적으로 맞춰야 하는 비서의 업무 내용, 왜곡된 성역할 수행으로 달성되어왔던 비서의 업무 수행, 일상적인 성추행과 성폭력이 발생하기 쉬운 업무 환경, 폭력이 발생하더라도 문제 제기가 어려운 고용형태 전반이 지자체장의 비서에 대한 성적 폭력을 유발했으며 이러한 환경을 조성한 책임을 지는 후속 조치가 필요하다고 주장한다.[16] 이제는 남성유흥산입 전반에 동일한 질문을 되돌려줄 차례다. 누가, 무엇을 위해 성적 폭력이 '즐거움'으로 용인되는 공간을 조성했는가? 정말 책임질 사람들은 누구인가? 어떻게 차별과 여성 상품화를 기반으로 한 산업에 대한 책임을 통감하고 변화를 만들어낼 것인가?

남자들의 방: N번방, 룸살롱, 단톡방, 벗방

'남자'의 방이 아닌 '남자들'의 방

2020년 상반기 'N번방 사건'이 한국 사회를 강타했다. 피해자 중에 10대 여성들이 있고, 27만 명의 남성들이 성착취에 직·간접적으로 공모했다는 사실에 많은 사람들이 경악을 금치 못했다. 한편, 2020년 하반기에는 국제적 아동 성착취물을 제작하고 유포한 '웰컴 투 비디오'의 운영자인 손정우에 대한 분노가 들끓었으나 손정우는 1년 6개월이라는 짧은 형량 이상의 죗값을 치르지 않았다. 정보통신망을 이용한 '새로운' 성착취 현장에 어떻게 개입해야 할지 여성운동계를 비롯한 전 사회가 머리를 모으는 중이다.

N번방과 '웰컴 투 비디오'처럼 남자들만 모여 있는 남자

들의 방. 우리는 이렇게 남자끼리 모여 있는 방을 원치 않게 계속 듣게 된다. 한국 사회에서 남성들의 집단적인 여성에 대한 폭력과 착취는 셀 수 없이 많아서 이곳에 모두 적을 수도 없다. 다종다양한 '방'들에서 남성들은 여성을 희롱하는 행위를 '함께함'으로써 '남성'이 된다. 이들은 왜 혼자 영상을 보지 않고 같이 볼까? 왜 '남자'의 방이 아니라 '남자들'의 방이 만들어지고 있을까? 남자들의 방이 디지털 기기를 통해 온·오프라인의 경계와 상관없이 자유롭게 확장되고 있는 현실에 대한 질문에서 이 글은 시작한다. '남자들의 방'이 어떻게 특정한 '남성성'을 구성하는 경유지로 작동하는지, 이 경유지는 어떻게 돈을 벌어들이는지를 질문해보자. 남자-되기의 장치로 '남성들의 방'을 들여다보는 작업은 "남자라면", "남자이기 때문에" 같은 식의 설명을 경계하기 위한 방법이기도 하다. 그 어떤 행위도 태생적인 속성으로 설명할 수 없다. 우리 모두의 욕망은 사회적인 맥락 속에서 빚어진 결과이자 과정이라는 사실을 기억하기 위해 어떻게 '남자'가 만들어지는지 그 과정부터 살펴보려고 한다.

'남자'는 어떻게 만들어지는가

성별코드는 성차별 사회에서만 의미 있는 차이다. 다시 말해

차이가 차별을 만드는 것이 아니라 권력이 차이를 만든다.[17]

여성주의의 역사는 여성과 남성이라는 '차이' 역시 사회적으로 만들어진 '차별'의 일종임을 증명해온 역사이기도 하다. 가부장제 사회에서 성별 이분법과 성차별은 공기처럼 당연하게 여겨지기 때문에 우리는 어떤 행동의 근거를 "여자/남자니까 그렇다"라고 단정하는 경향이 있다. 《화성에서 온 남자 금성에서 온 여자》, 《남자들은 절대 모르는 여자의 언어》, 《여자들은 절대 모르는 남자의 언어》와 같은 책이 얻는 공감대나, 유튜브의 '여자/남자 언어 이해하기'류의 이성애 연애 조언 영상 등을 생각해보자. 이런 사례들은 인간을 성별에 따라 분류하고, 성별에 따라 전혀 다른 어법을 사용한다는 사고방식이 얼마나 익숙한지 보여준다. 사실 우리는 그저 다르다. 나와 너는 다르다. 성별을 비롯해 인종, 나이, 지역과 같이 사회에서 분류한 집단으로 묶이는 때가 있더라도 그 집단 안에서 우리 모두는 다른 속성을 안고 살아간다. 성별이 달라서 서로를 이해하기 힘든 게 아니다.

하지만 현 사회가 어떤 사회이던가. 인간을 여성과 남성으로 단단히 나눌 수 있다고 설파하는 성별 이분법, 여성과 남성 간의 관계 맺기를 성애중심적으로 구조화하고 그 외의 성애적 관계는 금기시하는 이성애중심주의가 바탕이 된 사회 아닌가. 그렇기 때문에 '남자들의 방'이 생기고 그곳에서 '여

남자들의 방: N번방, 룸살롱, 단톡방, 벗방

자들'은 배척되거나 남자들을 위해 활용된다. '성별화'는 어떤 행위가 성별에 따라 특정한 경향성을 띠고 그 흐름이 규범처럼 사회적으로 공유되는 현상을 지칭한다. 한국 사회의 어떤 공간들은 성별화되어 있고, 성별화된 공간을 통해 우리는 성별화된다. 따라서 '남자들의 방'은 원래부터 비슷했던 '남자'들이 집단적으로 모여 있는 방이 아니다. '남자들의 방'은 개개인의 고유함 위에 '남성'이라는 성별을 넛씌우고 이를 내재화시키기 위한 가부장 사회의 장치다. 남성성은 남성이 되기 위해 요구받는 특수한 경로이자 내용이라 볼 수 있다.

그렇다면 가부장제 사회는 어떻게 '남성'을 빚어내고 있을까? 문화인류학자 김현미에 따르면, 이성애 남성은 여성, 성소수자와 같은 타자와의 관계에서 타자에 대한 우월함을 내재화함으로써 남성성을 익히는 과정을 거치고 자신을 남자로 정체화한다.[18] 남성 만들기는 타자로서의 여성 없이는 불가능하다. 동일한 맥락에서 여성학 연구자 정희진은 남자답지 않은 모든 것을 여성성에 일임한 뒤 여성이라는 타자를 비하하는 과정을 통해 남성성이 구성된다고 일갈한다.[19] 다시 말해, 여성을 대상화하고 여성을 남성보다 못한 인간으로 위치시키는 여성혐오는 남성 만들기의 근간이자 필수조건이다. 이브 세즈윅Eve Sedgwick의 여성혐오misogyny-남성연대homosocial 연구를 경유해 일본 사회를 분석한 사회학자 우에노 지즈코上野千鶴子는 '남성됨'은 타자에 대한 차별과 배제

1장. 남자들의 방

없이 도달할 수 없고, 여성을 타자로 격하하고 성적 대상으로 멸시하는 여성혐오야말로 남성 집단에서 동등한 성적 주체인 남성으로 승인받을 수 있는 남성연대의 주춧돌이라고 설명한 바 있다.[20]

개인의 차이를 고려한 남성됨이 아니기에 비슷한 남자-되기의 과정을 거치더라도 모든 남성이 동일한 남성성을 지니지는 않는다. 가부장적 사회가 기대하는 바람직한 남성성의 모델 역시 계속 변모해왔다. 사회학자인 코넬R. W. Connell은 《남성성/들》에서 담론적, 문화적 구성물로 남성성을 범주화하고 다양한 남성성을 크게 헤게모니적 남성성, 종속적 남성성, 공모적 남성성, 주변적 남성성으로 구분한다. 특정 시기에 바람직하다고 여겨지는 이상적인 남성성으로 다른 남성성보다 우위에 위치하며 가부장제를 지속하고자 하는 남성성이 헤게모니적 남성성이다.[21] '남자들의 방'에서도 다양한 위치의 남성이 만들어진다. 다만 '남자들의 방'은 공통적으로 타자화를 통한 남자-되기의 구조를 배태하고 있으며, 개인이 이를 끊어내는 방법은 '남자들의 방'으로부터의 탈주·이탈뿐이다.[22]

특히 성산업을 공식적으로 운영하고 관리해온 한국 사회에서는 계급이나 인종과 상관없이, 아니 오히려 그 차이를 조합한 다양한 '남자들의 방'이 존재했다. 여성을 성적으로 객체화하고 비하·멸시하는 남자들의 공간은 어디에나 있었고 언

남자들의 방: N번방, 룸살롱, 단톡방, 벗방

제나 가능했다. 지금은 그 공간이 온라인과 디지털 기기를 통해 이동하고 확장하는 것이라 볼 수 있다. N번방을 다룬 어떤 기사에서는 N번방에 참여한 남성들이 상대적으로 약하고 성취도가 낮은 남성이며, 남성 집단에서 인정받기 어려운 남성일수록 여성을 착취하는 정도가 심하다고 분석한다.[23] 그러나 앞서 말했듯이 타자-여성을 배제하고 차별하고 멸시하는 수행은 남성됨의 기본 원리다. 사회적 성취와 상관없이 남자됨을 상호 승인하는 공간에 입장하는 순간 남성은 차별과 배제의 주체로, 여성은 차별과 배제의 대상으로 여겨진다. '남자들의 방'에서 남성들이 향유하는 즐거움의 뿌리는 남자-되기의 즐거움과 다르지 않다.

디지털 세계의 남성화된 규범

2014년 경희대와 국민대를 시작으로 해마다 대학생을 비롯해 공항, 물류회사, 병원 등 여러 곳에서 남자들의 '단톡방(단체 카톡방) 성희롱'이 폭로되고 있다. 나는 이 사건을 다룬 기사의 제목에서 "알면서도 못 끊는 단톡 성희롱"이라는 표현을 본 적이 있는데, 마치 여성을 성적으로 대상화하고 비하하는 행위가 잘못인 줄 알면서도 멈추기 어려운 남성들의 '습관'처럼 묘사되었다는 점이 인상적이었다.[24] 단톡 성희롱과 같은 일은 그 정도로 많고, 반복적으로 생성되며, 일상적이라는 뜻일 테니. 한 시사 프로그램에 출연한 변호사가 가수 정준영 카톡방에 속해 있던 가수 에디 킴과 로이 킴은 불법촬영물이 아니라 인터넷에 돌아다니는 "야한 사진"을 올렸을 뿐인데, 이는 "남자들끼리 하는 소위 말하는 단체 대화방 같은 데 약간 야한 사진 올리는 경우"이므로 충분히 억울하게 느낄 수 있다고 당당하게 말하기도 했다.[25] 남성들이 여성을 성애화하는 행위를 농담과 유희거리로 용인하는 문화 속에서 불법촬영물 공유와 언어 성폭력, 여성혐오적인 남성문화는 쉽게 온라인으로 뻗어나갔다.

여성학 연구자 윤보라는 디지털 공간의 여성에 대한 폭력을 '놀이문화'를 넘어 '성폭력의 제도화'로 바라보자고 제안한다.[26] 그는 디지털 공간이 남성중심적으로 구성된 역사 속에서 디지털 공간 자체가 여성에 대한 폭력을 옹호하는 문화를 내재하고 있으며, 이제는 더 이상 여성에 대한 폭력이 문화에 그치지 않고 제도로 자리 잡았다고 분석한다. 문화와 달리 제도는 규범을 전제로 하는데, 같은 사회 내 구성원들에게 특정한 규범을 지시하고 의무화하며, 그 규범을 통해 구성원을 평가할 뿐 아니라 해당 규범에서 이탈할 경우 처벌과 제재를 가하는 규제가 작동한다.[27]

여성을 타자로 격하하고 성적 대상으로 멸시하는 말을 농담으로 삼으며 남성 간의 연대를 고취하는 형태는 취향이

나 선택으로 설명할 수 없다. 남성 몇 명의 일탈적인 하위문화가 아닌 남성 보편의 주류문화이자 규범이 된 지 오래다. 군대 및 직장의 집단적인 성구매 문화 속에서 성구매 제안을 거절하기 어려운 분위기는 성구매가 남성 집단의 제도적인 규범으로 자리 잡은 현실을 단적으로 보여준다. 어떻게 온·오프라인을 막론하고 타자에 대한 혐오·차별·폭력이 '남성'들에게 즐거움이자 놀이가 되는 걸까?

많은 사용자가 의견을 나누는 포털 댓글에서 남성들의 목소리가 도드라지는 현실,[28] 대형 인터넷 커뮤니티의 사용자들이 서로를 '흉'이라고 부르는 규칙,[29] 온라인에 만연한 여성에 대한 외모평가와 무조건적 혐오발언,[30] 2000년대 중반 닷컴 기업들의 퇴출 국면에서 확실한 수익 모델로 떠오른 포르노 사이트와 2010년 중반부터 계속되고 있는 디지털 성착취 카르텔 문제[31]까지 디지털 공간의 남성중심성은 익히 지적되어왔다. 나 역시 주 사용자가 여성인 대형 커뮤니티에서 누군가를 모욕하고 비난하고 싶을 때 '줌내(아줌마 냄새)'라는 단어를 사용하는 모습에 충격을 받았던 기억이 있다. 아주 구체적인 장면마다 남성중심적 규범으로 디지털 세상이 규율된다. 그렇게 남성중심적 규범이 지배하는 디지털 공간에서 여성혐오와 폭력, 차별의 범주는 극도로 협소해진다. 그것들이 혐오나 폭력이나 차별이 아니라 '그냥 하는 말'이 되는 것이다. 이 공간의 이용자들은 여성에 대한 폭력과 차별을 농담과 유희로 정당화한다.

온라인 커뮤니티의 여성혐오와 성차별 사건에 대한 게시글을 분석한 김수아와 이예슬은 남성 이용자들이 범죄자, '일베', 기성세대 남성과의 구분 짓기를 통해 자신들을 '선량한 남성'이라는 위치에 두고 있다고 분석한다. 법이 폭력이라고 판단하지 않는 한, 여성혐오적·성차별적 언행은 '선량한 일반 남성'의 상식적인 태도에 불과하다. N번방은 이제 '일베'처럼 남성들의 구별 짓기에 활용된다. '일베'의 문제가 전 사회적으로 드러나자 자신들은 '일베'와는 다르다고 주장했듯이 이들은 이제 N번방 운영자와 자신을 구별 짓는다. 무엇이 여성혐오이고 여성에 대한 폭력인지를 정의하는 권한은 '선량한 일반 남성'인 '우리'와 법에만 있다는 이들의 태도는 스스로를 판단 기준, 초월적 위치에 두기 때문에 가능하다.[32]

남성들은 여성에 대한 폭력의 기준을 최고로 높이고 그 범주는 최소화한다. '남자들의 방'을 보호하기 위해 이것은 그저 유머이고 놀이일 뿐 폭력이 아니라고 대응한다. 익숙하지 않은가? 사실 우리는 이미 일상적으로 이러한 주장을 접하고 있다. 성범죄의 피해자가 '순수한 피해자'인지를 색출하는 과정이 대표적이다. 대가를 받았다면 피해가 아니고, 충분히 저항하지 않았다면 피해가 아니라는 논리는 우리에게 매우 익숙하다. 성폭력의 범주를 최소화하고 가해를 정당화하는 이와 같은 '남자 보호 전략'이 온라인으로 그 범위를 확장한 것

뿐이다.

정리하자면, 남자는 여자라는 타자를 만들고, 이 타자에게 우위를 점하는 과정을 통해 만들어진다. 수많은 '남자들의 방'은 여성을 차별하고 배제하며 서로의 남성성을 확인, 승인, 관리하는 공간으로 기능한다. '남성성의 본질' 같은 것은 없기 때문에 이를 확인해줄 타자인 여자, 그리고 서로를 주체로 승인하는 또 다른 남자들은 '남자들의 방'을 구성히는 필수 요소다. 그렇기 때문에 남자들의 방은 '남자'의 방이 아닌 '남자들'의 방일 수밖에 없고, 남자들의 방에 여성혐오는 필수적이다.

수익을 창출하는 '남자들의 방'

여성에 대한 폭력을 상품화하면 한국사회는 폭력의 책임을 상품이 된 여자에게 묻는다. 상품을 기획하고 판매하는 운영자는 비난으로부터 자유롭다. 조주빈의 "돈을 벌 목적으로 제가 만든 음란물을 '브랜드화'하려 했다"라는 발언은 이와 같은 현실을 적나라하게 보여준다.[33]

2020년 3월, N번방에 대한 사회적 공분이 활활 타오르던 가운데 시사고발 프로그램인 〈그것이 알고 싶다〉에서는 인터넷 '벗방'의 실체를 탐사보도했다. 벗방은 '벗는 방송'의 줄임말로 인터넷 방송의 비제이BJ가 시청자들의 요구에 따라 옷을 탈의하거나 성적인 행동을 함으로써 수익을 창출하는 성인 방송이다. 〈그것이 알고 싶다〉는 벗방 비제이가 콘텐츠회사, 엔터기획사라고 불리는 회사에 소속되어 있으며 수익의 절반 이상을 회사에서 가져간다는 사실, 회사가 여성 비제이에게 "대화만 해도 고수익을 창출할 수 있다"라는 말로 방송을 시작하게 한 뒤, 수익 창출을 위해 벗방을 시작하도록 유도하고 여성들이 그만두려고 할 때는 계약서를 빌미로 위약금을 지불하지 않으면 그만둘 수 없다고 압박하는 현실을 낱낱이 밝혔다. 벗방에서 시청자들이 요구하는 성적 행위의 정도가 상당히 높고, 제공하는 성적 행위의 종류가 음식점 메뉴판처럼 구성되어 있으며, 후원 아이템의 금액에 따라 비제이와의 개인적인 만남도 이루어지고 있다는 내용도 담겼다.

여성 비제이들이 시청자 및 회사와의 관계에서 경험하는 불합리한 현실과 남성 시청자에 의한 폭력적인 요구사항들이 구체적으로 등장한 최초의 방송이었다. 그런데 방송이 끝난 후, 사람들은 여성 비제이를 비난하기 시작했다. "어차피 지들이 돈 벌고 싶어서 하는 거잖오" "네 다음 창×" "언젠가 다들통날 텐데 결혼 어떻게 하려나. 그냥 혼자 살고 싶은 애들은 평생 벗방해도 될 듯"이라는 댓글이 2,000개가 넘는 추천을 받았다. 나는 N번방과 벗방에 대한 반응이 이렇게 다른 이유가 무엇인지 반문하지 않을 수 없었다. N번방 사건은 아동·청소년 피해자의 존재와 여성들에게 어떤 '대가'도 없었던 정

남자들의 방: N번방, 룸살롱, 단톡방, 벗방

황을 바탕으로 성폭력이라 명명되었으며 여성들의 경험은 피해로 존중받았다. 반면 벗방은 불합리하고 불공정한 계약 조건과 높은 수준의 폭력성이 밝혀졌음에도 불구하고 계약이 수반된 거래 행위로만 여겨졌고, 비제이 여성이 겪은 피해는 여성 개인 탓으로 남았다.[34]

이처럼 벗방의 문제를 여성 개인의 책임으로 전가하는 사회적 분위기는 성매매에 대한 한국 사회의 반응을 떠올리게 한다. 성구매와 성매매 알선에 대해서는 남성이라면, 돈을 벌고자 한다면 할 수 있는 행위로 용인하고, 성판매에 대해서는 여성의 잘못이라며 낙인찍고 처벌해온 맥락 속에서 '남자들의 방'은 '수익 창출'이라는 안전한 공간으로 자신의 위치를 이동한다. 거래가 오갔다면 괜찮다. 여성이 '동의'했다면 괜찮다. 동의의 과정에 사기와 기망이 있었더라도, 동의를 철회할 환경이 조성되어 있지 않더라도, 일정 정도의 대가를 받기로 했다면 폭력은 거래에 불과하다.

그래서일까? 남성들은 성폭력범이 되는 일은 두려워하지만, 성구매자가 되는 상황은 별로 주저하지 않는다. 성매매 피해 상담소에서 성매매 과정에서 벌어진 성폭력 사건이나 미성년자 대상 성매수 사건을 지원하다보면 가해자들이 자신을 성폭력 가해자, 미성년자 성매수자와는 구별하려는 모습을 확인하게 된다. "성폭력은 아니었다" "돈을 줬다" "상대가 동의했다" "상대가 미성년자인 줄 몰랐다"라고 주장하면서 자신이 성구매자임을 증명하고자 애쓴다.

이유는 명백하다. 성구매일 때와 성폭력일 때 처벌의 강도가 너무 다르기 때문이다. 성구매가 적발된 경우 초범이라면 보통 존스쿨에서 교육을 받거나 기소유예에 그친다.[35] 재범이더라도 벌금형이 대부분이다. 하지만 성폭력과 관련된 죄라면 그것이 무엇이든 법적 처벌 수준은 그 이상이며, 사회적 처벌의 수위도 전혀 다르다. 죄의 경중을 따진다는 것 자체가 위험할 수 있지만, N번방 방지법의 일환으로 불법촬영물의 소지자도 처벌받게 된 이후에는 처벌의 정도만 따지면 불법촬영물 소지가 성구매보다 중한 죄로 다뤄지게 되었다.[36] 이런 현실이다보니 '남자들의 방'은 수익을 창출하는 시장경제의 일환으로 그 명맥을 이어갈 확률이 높아 보인다. '남자들의 방'을 수익 창출의 기회로 삼고자 한 조주빈의 행보는 한국 사회가 여성폭력을 다뤄온 맥락을 그대로 차용한 선택이었을 뿐이다. N번방과 벗방, 성폭력과 성매매에 대한 상반된 사회적 반응과 법적 처벌을 목도하면서 '남성들의 방'을 구성하고 유지하고자 하는 이들은 '대가'가 곧 여성의 '동의'로 간주되는 현 상황을 반영해 더 적극적으로 여성폭력의 상품화에 열을 올릴지도 모르겠다.

변모하는 집단성?

성매매는 여성에 대한 폭력을 상품화해서 남성의 놀이로 정착시킨, 제도화된 '남자들의 방'의 대표적인 사례다. 《2019 성매매 실태조사》에 따르면 남성들이 최초로 성구매를 하는 동기는 '호기심(44.7%)', '군입대 등 특별한 일을 앞두고 (31.9%)', '회식 등 술자리 후 모두 함께 가서(29.6%)', '성적 욕구 해소를 위해(22.2%)', '친구, 동료, 선배의 압력 때문(16.0%)' 순으로 나타났다. 특별한 일에 대한 의례, 술자리의 일부, 주변의 압박으로 성구매를 시작하는 비율이 77.5퍼센트에 다다른다. 성구매를 집단적으로 하는 관행이 보편적으로 퍼져 있음을 알 수 있다. 최초로 성구매를 할 때 타인이 비용을 지불하는 경우가 45.5퍼센트에 육박한다는 조사 결과 역시 집단 성구매를 방증한다. 전체 성매매 가능업소 중 유흥업소로 묶일 수 있는 단란주점, 룸살롱, 성인노래방, 비즈니스 클럽, 풀살롱, 나이트클럽을 통해 성구매를 경험한 인원과 건수(228명, 415건)가 다른 업종에 비해 압도적으로 높은 결과를 차지한 것도 마찬가지다. 유흥업소를 혼자 방문하는 경우는 극히 드물기 때문이다.

한국에서 벌어지는 성구매 행위의 가장 큰 특징은 바로 집단성이다. 집단적 성구매를 연구한 이승주는 아시아와 서구의 성구매 연구를 비교해 상대적으로 아시아의 경우 집단적 성구매를 통해 남성연대를 구축하는 사례가 다수임에 주목한다. 집단적인 성구매는 규범적인 헤게모니적 남성 주체를 만들고, 남성이 성적 주체로서 서로를 상호 승인하는 과정이다. 남성들은 혼자 성구매를 하는 남성을 비정상적으로 치부한다. 이들의 성구매 서사에는 성판매 여성과의 개인적인 경험 대신 같이 성구매를 한 남성들과 공유한 친목 도모가 중요한 부분을 차지한다.[37] 성구매와 남성문화를 연구한 신동원 역시 남성들이 개인적인 성구매 행위를 비정상적으로 보는 반면, 집단적인 성구매 행위는 정상적으로 해석하고 있다고 분석한다.[38] 성구매를 공유하는 과정을 통해 한국 남성들은 성구매를 일탈적 행위가 아니라 남자로서, 남자라면 누구나 할 수 있는 상식적 행위로 인식하게 된다. 같이 게임을 하듯 성구매를 하는 것에 불과하다.

이와 같은 성구매의 집단성도 디지털 기기의 발전에 따라 확장, 변모하고 있는데 나는 이를 '정보통신기술 매개 성산업'으로 통칭하려 한다. 정보통신기술 매개 성산업은 온라인 공간 및 정보통신기술을 매개로 기존의 성매매산업이 거래의 장소를 확장한 온라인 기반 성매매산업과 디지털 매체를 이용해 성적 이미지를 생산, 유포, 소비해 이윤을 창출하는 산업으로 구분할 수 있다.[39] 온라인 기반 성매매산업은 온라인 플랫폼이 그 자체로 알선책이 된다는 점과 관련 업소들이 온라인을 거주지 삼아 오프라인 장소를 이동하며 단속을 피해 다닌다는 특징이 있다. 채팅 애플리케이션을 통한 조건만남, 후기사이트를 통한 오피스텔 및 키스방에서의 성매매 홍보 및 알선이 대표적인 온라인 기반 성매매 업종이다.

이 중에서도 후기사이트는 또 다른 '남자들의 방'으로 활약 중이다.[40] 구매자들은 후기사이트에서 자신의 성구매 경험담을 공유하는데 다른 업종들보다 키스방, 오피스텔과 같이 남성 개개인이 혼자 방문하는 업종에 대한 후기가 활발하게 올라온다. 후기사이트의 게시글은 구매한 여성의 신체 사이즈와 마인드*, 여기에 여성의 사진을 덧붙여 구성된다. 마치 성구매-뒤풀이(성구매 후기 나누기)라는 연속적인 과정 중에서 성구매는 개별적으로 하고 후기는 온라인 공간에서 나누는 꼴이다. 집단적 성구매를 통해 여성을 어떻게 대해야 하는지, 업종에 따라 술은 어떻게 시켜야 하는지 성구매의 양식을 상호 간에 익히는 남성들처럼, 후기사이트에서 구매자들은 성구매 초보자를 위한 '용어 매뉴얼'을 작성하고 단속을 피하는 법을 공유한다.

지금까지의 한국 성구매자 연구에서 성판매 여성은 집단적인 성구매 남성들 간의 관계 맺기를 위한 부품이자 매개체, 즉 객체화된 대상으로 여겨져왔다. 성구매자들은 타자를 경

---

* 구매자에게 친절하고 상냥한 태도를 의미하는 은어로 성구매자가 성판매 여성을 평가하는 중요한 기준 중 하나다.

유해 남성으로 승인받고자 했고 성적 주체로서 다른 남성과 동등한 관계를 맺는 의례처럼 집단적 성구매를 해왔다. 남자들끼리 재미있게 놀기 위한, 게임이나 스포츠 같은 위치에 성구매가 있었다. 그러나 후기사이트의 게시물 작성자들은 서로 친분을 쌓거나 같이 성구매를 하러 다니지 않는다. 익명으로 정보를 공유할 뿐이다. 게시자들 간의 친분이나 친목 도모도 중요하지 않고 직접적으로 성구매를 권하거나 같이 놀지 않는다. 한편, 후기사이트 운영자에게 후기는 돈이 되는 콘텐츠다. 후기가 많을수록 접속자가 많아지므로 게시자들의 참여를 독려하기 위해 할인권, 초대권을 배부하는 이벤트를 열기도 한다. 하지만 게시판 이용자들이 후기를 공유하는 것 이상으로 남성 간의 연대를 돈독히 할 공간을 마련하거나 이를 통해 이익을 창출할 시도는 하지 않는다.

여전히 한국 남성들은 안마·마사지 업소에서 성구매를 할 때에도, 성매매 집결지에서 성구매를 할 때에도 친구나 지인과 동행한다. 《2019 성구매 실태조사》에서도 남성 개인이 혼자 성매매 업소를 방문하는 비중은 20퍼센트 안팎에 그쳤다.[41] 각자의 방에서 성구매를 하더라도 성구매 이후 회포를 풀고 서로 관계를 돈독히 하는 과정 전체가 '성구매'다. 집단적 성구매를 통한 성매매의 '남자들의 방' 기능은 여전하지만 살펴본 것처럼 후기사이트는 이전과는 조금 다른 남자-되기의 방, 남성이 다른 종류의 '즐거움'을 구매하고자 하는 방으로 보인다. 이러한 모습은 오피스텔 업종에서도 확인할 수 있는데, 성산업 내 오피스텔 업종을 연구한 민가영은 룸살롱이 여성을 매개로 남성들이 연대하고 상호 위계를 조정하며 서로를 승인함으로써 남성성을 확인하는 공간이라면, 오피스텔은 여성과의 관계를 통한 남성성의 확인에 가깝다고 분석한다. 타자와의 관계를 통한 남성성의 확인과 여성이라는 타자를 매개로 한 남성 간의 남성성 확인이라는 차이가 있다는 것이다. 이런 차이는 남성 구매자들의 다른 욕구로 인해 발생하는데 오피스텔을 방문하는 구매자들은 타자로서의 여성이 성적 객체를 넘어 '정서적 욕구', 친밀감까지 충족시켜주기를 바란다.[42] 온라인 기반 성매매산업이 보여주는 이와 같은 변화는 무엇을 의미할까?

성적 이미지를 유포하고 송출해 이윤을 창출하는 디지털 성산업의 일종인 벗방의 시청자들도 이와 유사한 양상을 띤다. 시청자들은 영상 송출 과정에서 댓글을 남기고, 후원 아이템의 금액이 높은 사람을 '회장'이라 부르거나 비제이와 만나는 자리에서 '회장'이 비제이와 가까운 자리에 앉는 등 상호 위계적인 관계를 맺는 모습을 보이지만 이들에게 중요한 것은 비제이와의 관계성이지 남성들 간의 유대는 아니다. 가장 큰돈을 지출한 사람에게 주어지는 상품이 여성 비제이와의 개별적인 만남이라는 사실은 남성 집단으로부터의 남성성의 승인보다 여성 비제이와의 특수한 관계 맺기가 더 중요한

1장. 남자들의 방

의미임을 드러낸다. 이처럼 집단적 성구매 행위를 둘러싼 남성들 간 역동의 미세한 변화는 남성성의 내용이 사회적·역사적으로 변모하듯이 남자-되기 전략 역시 시대의 변화에 따라 달라지는 면이 있음을 보여준다. 남성성, 남자-되기는 이렇게 끊임없이 구성되는 상대적 종류의 정체성이다. 그럼에도 집단과 개인을 막론하고 남자-되기의 매개로 타자로서의 여성이 필요하다는 사실은 여전하다.

남자-되기의 과정에 개입하기

한국 남자의 남성성을 분석한 최태섭은 게임 산업의 남성중심적 규범을 방어하고자 하는 남자들의 요구는 단 하나, 바로 게임을 남자들의 영역으로 내버려두라는 것, 그래서 계속 남자들만 즐거울 수 있는 놀이로 게임이 남는 것이라 말한 바 있다.[43] 2015년부터 지금까지 디지털 성착취를 공론화하고 이에 대한 변화를 공격적으로 요구해온 페미니스트들은 '남자들의 방'을 내버려두지 않기 위해 고군분투해왔다. 디지털 세계를 규율하고 있는 기존의 남성중심적 규범을 바꾸고 더 이상 남자-되기의 부품이나 객체로 디지털 세계에 포섭되지 않겠다는 여성들의 선언이었다. 'N번방 방지법'은 남자의 시선에 의해 보이는 여자가 아니라, 스스로 시선의 주체가 된

남자들의 방: N번방, 룸살롱, 단톡방, 벗방

여성들이 만들어낸 변화다.

'남자들의 방'에 참여하고 그것을 운영하는 이들에 대한 처벌 가능성을 창출하고 처벌의 수위를 올리는 시도는 놀이와 일상으로 당연하게 여겨져온 남성들의 여성혐오와 차별, 폭력을 공적인 문제로 가시화하는 중요한 전략일 것이다. 그러나 폭력이 산업으로 전환될 때 처벌의 대상은 협소해진다. '남자들의 방'은 법의 틈새를 공략해 여성에 대한 폭력을 합법화하는 데 능숙하다. 디지털 세계에서 벌어지는 여성에 대한 폭력은 '정당한' 금액을 지불했다면 폭력이 아닌 거래에 불과하다는 시장경제의 논리, 폭력의 대상이 되어 마땅한 여성이 있다는 성녀/창녀 이분법을 이용해 또 다른 성매매산업으로 전환될 가능성이 높다.

따라서 그 맥을 끊으려면 남자-되기의 과정 자체, 이분법적 성별화 자체에 대한 문제 제기가 적극적으로 이루어져야한다. 오피스텔과 벗방 산업에서 변주된 형태로 등장한 남성 구매자들의 욕구에서 보았듯이 '남자들의 방'은 사회적 맥락에 따라 다양한 남자-되기의 전략을 차용하고 확장한다. 개별 인간의 고유한 차이를 생물학적인 성차라는 허구의 잣대를 기준으로 남자와 여자 둘로 분류하고 고정하는 성별 이분법이 존재하는 한 남성성을 주조하고 배치하는 '남자들의 방'은 그 형태와 구체적인 내용을 변형해가면서 재생산될 것이다. 타자를 멸시하고 혐오하는 행위가 즐거움, 유희, 놀이로 통용되지 않으려면 주체와 타자를 구별 짓는 논리 자체에 반기를 들어야 한다. 변화의 시작이자 궁극적인 목표는 성별화, 성별 이분법의 타개다.

유흥업소, 제도화된 남자들의 방

여성혐오 산업의 전범

2020년 9월 14일 유흥업소 업주들의 모임인 한국유흥음식업중앙회는 '생계형 유흥주점 2차 재난지원금 제외 규탄 기자회견'을 열었다. 이들은 코로나19로 인해 강제휴업을 하게 되어 생활고를 겪었으니 지원이 필요하다고 주장하며, 유흥주점은 "납세 1등 애국 업종"이라고 적힌 피켓을 들고 기자회견에 참여했다고 한다.[44] 이 기자회견이 열린 뒤인 9월 22일, 코로나19로 인해 경제적 타격을 입은 소상공인을 지원하기 위한 4차 추가경정예산안 논의에서 국회는 2차 소상공인 재난지원금 대상에 유흥주점과 콜라텍을 포함시켰다. 성매매 알선이 빈번하게 이루어지고 있는 여성착취 업소를 지원하는

데 대해 여성단체들이 반대 의사를 표명했지만 재난지원금은 집행되었다. 당시 유흥주점 업주들은 합법적인 유흥주점에서 성매매 알선이 이루어진다는 여성단체의 주장은 현실을 모르고 하는 소리라며 허가업소에서는 성착취가 발생하지 않는다고 해명했다. 또한 코로나19가 발생했음에도 3개월 동안 600만 명의 손님이 방문한 것은 사실이지만 전체 업소가 2만 2,000개이므로 한 업소당 3명만 방문했다고 계산해야 한다고 주장하기도 했다.[45]

성착취는 무엇일까? 여성 접객원이 '접대'만 하는 유흥업소에서는 성매매 혹은 성착취가 발생하지 않고 있을까? 그들의 주장대로 전국의 유흥주점이 2만 2,000개라고 해도 그 규모가 작다고 하기 어렵다. 어쩌다 한국에는 600만 명이 방문해도 한 업소당 고작 3명이 방문한 꼴일 정도로 많은 유흥주점이 자리 잡게 되었을까? 유흥주점은 어떻게 "납세 1등 애국 업종"으로 스스로를 정의하게 되었을까? 재난지원금을 둘러싼 논쟁을 통해 우리는 이미 '합법적인' 산업으로 자리매김한 유흥산업의 면모를 엿볼 수 있다. 유흥산업은 한국에서 합법적인 제도화된 시장경제의 일부로 관리되고 있다. 법적으로뿐만 아니라 사회적으로도 마찬가지이다. 유흥업소는 한국 사회에서 사회생활을 하는 성인 남성이라면 누구나 갈 수 있는 '비즈니스' 공간으로 통용된다.

이렇게 남성의 호출에 따라 여성이 남성을 접대하는 유

흥업소는 전국에 4만 2,284개,[46] 유흥업소에서 남성을 접대하는 여성 종사자의 규모는 13만 9,994명에 육박한다.[47] 비대한 유흥산업의 규모는 최근의 일이 아니다. 1997년 통계에 따르면 당시에도 유흥주점과 단란주점[48]은 각기 2만 3,300개, 1만 8,821개로 비슷한 규모를 자랑했다.[49] 식품위생법 시행령 제21조 제8항은 단란주점과 유흥주점을 '유흥종사자'의 유무로 구분하고 있다. 전자는 법적으로는 유흥종사자를 두어서는 안 되지만, 우리는 법적 구분과 상관없이 손님이 원하면 '여성 도우미'를 부를 수 있는 단란주점과 노래방을 주변에서 쉽게 찾아볼 수 있기도 하다. 또한 법에 따르면 유흥종사자는 "손님과 함께 술을 마시거나 노래 또는 춤으로 손님의 유흥을 돋우는 부녀자"로,[50] 이는 여성만 할 수 있다.

유흥산업은 합법과 불법을 오가며 제도적인 위치를 선점했고, 여성을 혐오함으로써 남성을 만드는 '남자들의 방'은 유흥산업을 모방하며 자신들의 위치를 찾아가고 있다. 유흥업소는 여성이 남성의 즐거움을 위해 일하고, 남성은 여성을 멸시하고 성적인 객체로 만드는 과정을 집단적인 즐거움으로 재생산하는 여성혐오 산업의 전범이다. 버닝썬, N번방, 벗방과 같은 남자-되기의 과정에 개입하고 이 과정을 합법적인 산업으로 구축하려는 전략을 중단시키려면 한국 사회의 유흥산업을 아주 세밀하게 들여다볼 필요가 있다.

유흥업소 '1차'의 성정치

성매매처벌법은 성매매를 (유사)성교행위로 국한한다. 이때의 성교행위란 남성 성기의 삽입과 사정을 의미하고 유사성교행위 역시 구강, 항문 등 신체의 일부 또는 도구를 이용해 남성 성기를 사정시키는 행위를 일컫는다. 여러 사례를 검토해봤을 때, 남성이 성기를 삽입하거나 사정하지 않는다면 성매매가 아니라고 간주한다. 앞서 보았던 유흥주점 업주들의 "유흥업소에서는 성착취가 없다"라는 주장은 바로 이와 같은 불법적인 성매매가 발생하지 않는다는 말이기도 하다.

하지만 성구매자들이 가장 많이 성구매를 한 경로로 유흥업소인 룸살롱, 단란주점, 성인노래방, 비즈니스클럽, 나이트클럽, 룸살롱을 꼽은 《2019 성매매 실태조사》의 결과나 성매매 피해 지원을 해온 나의 경험에 따르면 유흥주점에서 다수의 성구매가 발생한다. 조직폭력집단의 유흥업소 운영 실태를 조사한 한국형사정책연구원의 연구 역시 유흥업소에서 직접 성구매를 알선하지 않는다 하더라도 남성들은 성매매를 위해서 유흥업소에 방문한다고 분석한다.[51] 이처럼 유흥업소는 성매매의 범위를 아주 좁게 상정하더라도, 그 불법적인 성매매의 알선이 빈번하게 이루어지는 장소이자 성매매로 이어지는 주요한 경로다. 따라서 성착취가 없다는 유흥주점 업주들의 주장은 어불성설이다.

유흥업소, 제도화된 남자들의 방

왜 유흥업소에서의 접대를 '1차'라고 부를까? 여성 종사자가 남성 손님에게 술을 따르고 춤을 추고 노래를 부르는 유흥업소의 '접대'가 '1차'로 호명되는 순간, 접대는 '2차', 즉 성매매와의 연결 속에서 구성되고 정의된다. 유흥업소 성폭력 사건에 대한 인터넷 여론은 이미 한국 사회가 '1차'와 '2차'의 연관성을 충분히 알고 있음을 보여준다. 성매매 과정에서 발생한 성폭력을 고발하는 글에서조차 다수의 사람들은 "그런데서 일하면 그런 일 당할 줄 알았던 것 아니냐"라고 여성을 비난한다.

유흥업소에서 접대를 하면 왜 성폭력 피해를 예상하거나 감수해야 할까? 접대와 성매매는 구분되지 않고 유흥업소는 이 둘이 모두 가능한 공간으로 간주된다. 이 연결성이 있기 때문에 유흥업소 접대는 '1차'라 불릴 수 있다. 이처럼 수사기관을 포함한 사회의 구성원들이 '1차'와 '2차'를 연결해서 생각하기 때문에 유흥종사자에 대한 성폭력 가해는 성폭력이 아니라 '합의한 성관계'로 간주된다. 다만 법이 '1차'와 '2차'를 분리해, '2차(성매매)'가 없는 '1차(접대행위)'를 식품을 접객하는 행위 중 일부로 분류할 뿐이다. 이미 사회적으로 공식화된 '1차'와 '2차'의 연결성을 법은 전혀 고려하지 않는다.

성매매를 전제하지 않는 '1차'는 과연 가능할까? 접대 과정에는 폭력과 착취가 없는 것일까? 디지털 세계의 남성 이용자들이 성폭력과 여성혐오, 성차별의 범주를 최대한 좁히

듯이, 유흥업소에서 남성 성기의 삽입과 사정만을 여성에 대한 성적 착취·폭력으로 간주하는 것은 착취의 기준을 성교행위로 최소화함으로써 접대 과정을 정당화하는 논리에 불과하다. 현실에서 성매매는 성교행위만으로 구성되지 않는다. 15분 숏타임*이더라도 성매매 여성들은 남성에게 웃고, 인사하고, 떠나는 남성을 배웅해야 한다. 성교행위를 둘러싸고 남성의 욕구를 충족시키기 위해 연기해야 하는 과정은 모두 '1차', 즉 접대라 볼 수 있다. 성매매 여성은 신체적으로나 감정적으로 남성을 흥분시켜야 한다. 그 시간이 연장되어 공식적인 상품으로 간주되는 것이 '1차'가 공식화된 유흥업소이고, 그 시간 동안의 '서비스'로 다른 성매매 업종과 자신을 차별화하는 업종이 오피스텔 성매매다.

오피스텔 성매매는 '여자친구 모드'라는 이름으로 자신들의 '서비스'를 홍보하는데, '여자친구 모드'는 여성이 남성 손님의 '여자친구'처럼 '애교'를 구사하고 같이 씻고 대화를 나누는 과정을 지칭한다. 오피스텔 성매매의 '여자친구 모드'는 "단순히 섹스를 판매하는 것이 아니라 시간과 공간, 자아상, 사회적 관계를 특별한 방식으로 구성한 세계를 판매하는 것"이다.[52] 이와 같이 남성이 파트너에게 기대하는 특정한 '여성'을 연기하는 것은 오피스텔 성매매 업종뿐 아니라 모든 성

---

*   short time, 15분 안에 남성 손님을 사정시키는 집결지의 성매매 상품.

        유흥업소, 제도화된 남자들의 방

매매 업종의 특징이기도 하다. 어느 업종이든 '여자'와 '남자'라는 이성애중심적 파트너 관계가 필수적이고 나를 선택한 '남자'가 요구하는 '여자'를 연기해야 한다. 흔히 말하듯이, 여성이기만 하면 성매매 여성이 될 수 있는 것이 아니다. 여성은 성매매 여성으로 '재탄생'해야만 성매매산업에서 상품이 될 수 있다.[53] 여성이 자신을 고른 남성이 원하는 맞춤형 여성을 연기해 남성을 만족시키는 과정 전반이 사실상 '1차'다.

'1차'와 '2차'는 성매매 업종들이 서로를 차별화하는 전략과 남성 손님의 기대 속에서 명확히 구별되기도 하고, 구별이 어렵기도 하다. 그러나 구별되는지 여부와 상관없이 '1차'는 '2차'를, '2차'는 '1차'를 전제한다. 손님은 자신의 기대와 상황에 따라 '1차'만 하고 '2차'는 안 할 수도 있고, '1차'에 별도로 지불하는 비용 없이 '2차'만 하기를 원할 수 있다. 여성 종사자 역시 '1차' 없이 '2차'만 하기를 선호할 수 있고, '1차'만 할 수도 있다. 이와 같은 현실을 고려했을 때, "유흥업소에 성착취는 없다"라는 유흥주점 업주들의 주장이야말로 현실을 모르고 하는 소리다. 아니, 알지만 착취와 폭력의 범위를 최소화하고 성매매와의 연관성을 숨겨 자신들의 사업을 정당화하려는 주장이다. 유흥산업의 '1차'는 '2차'가 있기에 가능하다.

유흥업소 관리의 역사

일제강점기 이후부터 지금까지 한국 정부는 성매매를 불법화해왔다. 하지만 성매매와의 연속선상에서만 존재할 수 있는 유흥산업은 전국 4만 개로, '비즈니스'를 한다면 누구든 방문할 수 있는 공적 공간으로 우리 일상에 자리하고 있다. 이 일상성과 거대한 규모는 정부의 모순적인 성매매 정책이 빚어낸 결과다.

한국의 성매매 관리 정책을 연구한 박정미는 성매매를 공인해서 관리하지는 않으나 언제든 여성을 단속하고 처벌할 수 있는 불안정한 위치에 두고 행정명령으로 성매매를 관리해온 한국 성매매 정책의 특징을 "묵인-관리체제"로 정의한다.[54] 1948년 제1공화국 수립 이후 미군정과 제1공화국은 공창제를 폐지하고 '창기'를 '접객부'로 전환해 공창 폐지-사창 관리 체계를 수립했다.[55]

한국에서 성매매는 불법이었지만 때에 따라 특정 지역에서는 성매매가 합법이었으며, 성매매가 가능하다고 여겨진 모든 업종에서 관리의 대상은 오직 여성의 몸뿐이었다. 식품위생법은 1962년 제정되었으나 1957년에도 전염병 예방법 시행령에 따라 "위안부 또는 매음 행위를 하는 자", "땐사 및 여급"과 함께 "접객부"는 성병 검진을 받아야 했다.[56] 1950년 한국전쟁 시기에 국군과 연합군을 위한 위안소를, 미군 주둔

유흥업소, 제도화된 남자들의 방

이후에는 미군 주둔 지역을 중심으로 '특정 지역'인 기지촌을 지정하고 관리해온 한국 정부는 미군의 성병관리 사업 원조에 힘입어 여성의 몸을 적극적으로 관리해온 역사가 있다.[57]

2018년 2월, 서울고등법원은 117명의 미군 기지촌 위안부 여성이 국가를 상대로 제기한 손해배상청구 소송에서 국가가 미군 기지촌을 양성한 책임을 인정하고 배상할 것을 판결했다. 재판부는 판결문에서 "(국가가) 기지촌 위안부들에게 외국군을 상대로 한 '친절한 서비스', 즉 외국군이 안심하고 기지촌 위안부들과 기분 좋게 성매매를 할 수 있도록 적극적으로 외국군을 상대로 한 성매매를 요구하고, 이를 통하여 외국군들의 '사기를 진작·양양'함으로써 국가안보에 필수적인 군사동맹 유지에 기여하는 한편 외화획득과 같은 경제적 목적에 위안부들을 동원하겠다는 의도나 목적으로 기지촌을 운영·관리한 것"임을 명시했다.[58] 미군정과 제1공화국이 미군과 남성의 안전한 성구매를 위해 여성의 몸을 관리했던 이와 같은 정책은 2021년 7월까지 감염병의 예방 및 관리에 관한 법률 제19조를 통해 그 명맥을 유지해왔다.[59]

2021년 7월까지 감염병의 예방 및 관리에 관한 법률 제19조에 따라 ① 청소년 보호법 시행령 제6조 제2항 제1호에 따른 영업소의 여성종업원, ② 식품위생법 시행령 제22조 제1항에 따른 유흥접객원, ③ 안마사에 관한 규칙 제6조에 따른 안마시술소의 여성종업원은 3~6개월마다 주기적으로 매

독, HIV, 그 밖의 성매개 감염병 검사를 받아야 했다.[60] 여기서 "청소년 보호법 시행령 제6조 제2항 제1호"란 '티켓다방'*을 지칭하는데 티켓다방은 지금도 성매매 알선이 이루어지는 성매매 업종으로 2000년대 중반까지 10대 여성을 대상으로 한 성매매가 빈번하게 발생했던 곳이다. 건강진단 대상자의 목록이 지시하듯이 국가는 유흥업소뿐 아니라 성매매 알선이 빈번한 산업(티켓다방, 안마시술소)에 대해 익히 잘 알고 있다. 그럼에도 성매매를 알선하면서 다른 업태의 껍데기를 쓰고 있는 산업을 축소하는 방향이 아니라 남성 구매자가 성병에 감염되지 않도록 하기 위해 여성 종사자의 성병을 검사하는 정책을 펼쳐온 것이다.

지금껏 한국 정부는 유흥산업의 규모를 축소하기는커녕 유흥산업을 활용해 국가의 수익을 챙기는 데 관심이 많았다. 미국 대외원조처USOM가 '요정'을 한국의 관광 상품으로 제안한 뒤 1968년 한국 정부는 〈관광진흥을 위한 종합대책〉에서 '요정'과 '기생'을 관광자원으로 발전시키겠다는 계획을 발표한다. 일본 남성을 대상으로 한 관광 상품으로 시작된 '기생관광'은 전두환 정권 시기 아시안 게임과 올림픽에 맞춰 방문할 외국 남성들을 대상으로 홍보되었고 정부는 '기생'을 훈련시

---

* 시간을 '티켓'으로 끊어서 특정한 시간 동안 여성을 통제할 권한을 판매하는 업소. 김주희, 〈성산업 공간인 티켓 영업 다방 내 십대 여성의 '일'에 관한 연구〉, 《청소년문화포럼》 제14권, 2006 참조.

키는 등 유흥산업을 관광 상품으로 만드는 데 거리낌이 없었다.[61] 이는 과거의 일로 그치지 않는다. 2014년 강남구는 클럽형 유흥업소 10곳을 '명품건전클럽'으로 지정해 강남관광정보센터 홈페이지에 소개했는데 여기에는 버닝썬의 롤모델인 아레나가 포함되어 있다.[62] 버닝썬 게이트가 공론화되지 않았더라면 버닝썬 역시 관광 상품으로 홍보하지 않았을까?

여성 종사자를 공급하는 보도방의 등장

제도화된 유흥산업이 그 규모를 안정적으로 유지하려면 충분한 숫자의 여성 종사자를 구매자에게 공급해야 한다. 성매매특별법 이전에 유흥산업은 말도 안 되게 높은 이자를 갚도록 하는 선불금과 몇십만 원을 호가하는 지각비, 결근비와 같은 벌금제도를 통해 여성 종사자를 유흥산업에 억류했다. 그러나 성매매특별법 시행 이후 이제 유흥업소의 '아가씨들'에게도 인권이 있고 인권이 지켜져야 한다는 사실이 공표되자 업주들은 다른 방식으로 여성을 공급할 전략을 구상했다. 여전히 고리대금을 전제로 한 선불금과 벌금제도가 남아 있지만, 대도시를 중심으로 한 유흥산업에서는 '보도방'이 여성 종사자를 관리하고 공급하는 새로운 주체로 등장한다.

보도방은 일종의 무허가 직업소개소다. 보도방이라는 단

어는 국립국어원 표준국어대사전에는 등록되어 있지 않으나 보통 "단란주점이나 유흥업소 따위에 술시중을 들거나 성매매를 하는 여성을 공급하는 업체"[63]라는 의미로 통용된다. 유흥산업이 보도방 시스템을 중심으로 운영된 역사는 그리 오래되지 않았다. 신문기사를 중심으로 보도방의 역사를 훑자면,[64] '보도'라는 용어는 1988년부터 기사에 등장한다. 1980년대에서 1990년대 말까지의 신문기사에서 보도방은 '미성년자' 성매매 알선의 주범으로 등장한다.[65] 1999년 《매일경제》에 따르면, 서울지검 소년부가 발표한 보도방 운영실태 및 단속실적에 등장하는 '접대부'의 70~80퍼센트가 가출한 청소년이었다. 미성년자 성매매 알선의 주범으로 보도방의 심각성이 공론화되면서 수사기관은 그때까지 직업안전법 위반으로 처벌해온 보도방 업자들을 청소년 보호법을 적용해 엄벌하겠다고 공표한다.[66] 이렇게 미성년자 성매매 알선에 대한 처벌이 강화된 이후 보도방은 그 영업 방향을 성인으로 선회한 것으로 보인다.

　보도방이 성인 여성 알선 문제로 등장하는 최초의 기사는 2001년 《문화일보》의 기사인데 이에 따르면, '주부'를 노래방으로 무분별 알선하는 보도 사무실 때문에 "한국유흥음식점 중앙회 부천시 지부는 최근 결의대회를 갖고 '노래방의 접객·주류 판매 행위로 영업에 막대한 지장을 받고 있다'며 당국에 철저한 단속을 촉구했다".[67] 당시 기사에서는 노래방에서 일하는 성인 여성 종사자를 불법적이고 이례적인 존재인 것처럼 다루었지만, 2002년 경기도에서 발간한 보고서에 따르면 전체 '매춘 여성' 규모의 29.1퍼센트(3만 4,932명)를 '보도'가 차지했다.[68] 뒤이어 2004년 유영철이 보도방을 통해 알선된 성매매 여성을 연쇄적으로 살해한 사실이 밝혀지면서 기사들에서 보도방은 "성매매 여성의 주요 공급처"로 가시화된다.

사회학자 박정미에 따르면, 1980년대부터 유흥음식점과 다방이 눈에 띄게 확산되었고 성매매산업의 중심이 전업형 성매매(성매매 알선만 하는 형태)에서 겸업형 성매매(유흥업소처럼 식품을 판매하여 성매매를 알선하는 형태)로 이동했다.[69] 보도방의 출현은 외국 관광객이 아닌 국내 중산층 화이트칼라 남성 직장인이 유흥산업의 새로운 소비자로 등장하면서 접대와 성매매를 함께하는 겸업형 성매매 업소가 확장되었던 1980년대 성매매산업 지형의 변화가 초래한 결과다. 겸업형 성매매 업소의 구매자가 급증함에 따라 이들의 구미에 맞는 여성들을 충분히, 끊임없이 조달할 수 있는 전달책이 필요했고, 보도방이 그 역할을 수행했다.

걸어서 돌아다닐 수 있을 만한 지리적 범위 안에 성매매 업소만 격리되어 밀집된 전업형 성매매 공간, 즉 성매매 집결지와는 다르게 유흥산업의 유흥업소들은 다른 상업 영역과 분리되어 있지 않고 전국적으로 골고루 분포한다. 유흥산업은 이 넓은 산업 전반에 여성을 안정적으로 공급하는 동시에 성매매특별법에 저촉되지 않으면서도 여성을 납치하거나 인신매매하지 않아야 했다. 이렇게 변화된 조건 속에서 유흥업소 업주들은 성매매를 전제로 한 선불금 없이, 납치와 감금이라는 방법을 피하되 여성 종사자를 손님에게 안정적으로 공급할 방법을 모색했다. 보도방은 여성을 성매매 산업으로 공급해온 과거의 방식이 각종 법 정책의 재정비와 여성 인권 담론의 확산으로 변화를 맞이해야 했을 때 법의 틈새를 타고 확장된 여성 공급책이다.

보도방 영업을 통한 유흥업소 여성 공급의 활성화는 국내 남성 성구매 소비자층의 확대와 이로 인한 유흥산업의 확산, 1990년대 후반부터 시작된 휴대폰의 보급,[70] 1999년 청소년보호법에 근거해 강화된 처벌, 2004년 성매매특별법의 제정과 같은 복합적인 사회문화적 변화 속에서 전면화되었다.

유흥업소 라벨링

유흥업소가 여성을 충분히, 지속적으로 확보해야 하는 이유는 그만큼 남성들의 수요가 많기 때문이다. 그리고 이 수요를 유지해 시장 규모를 확대하고자 하는 유흥산업의 업주들은 유흥업소의 상품을 다양화해왔다. 한국의 유흥산업은 다양한 업종을 고안하고, 업종 간의 위계를 매우 촘촘하게 설계한다. 그 위계에 기대 각 업소의 테이블비,* 여성 종사자의 복장, 주류 판매 비용, 접대 과정에서 가능한 성적·신체적 침범의 수위가 달라진다.** 그런데 이 촘촘한 위계화와 다양한 상품 개발의 노력이 무상하게도, 유흥산업이 판매하는 상품은 결국 '술'과 '여자' 두 가지뿐이다. 별다른 차이가 없는 상품을 서로 다른 것처럼 꾸며서인지 업종을 지칭하는 용어들은 자주 뒤섞이고, 그 기준은 일관적이지 않다. 그럼에도 다양한 선택지 중 하나를 엄선한 듯한 착각에 기댄 채 남성 손님들은 자신의 '선택'이 해당 업소의 '서비스'와 여성의 외모, 주류 비용을 고려한 합리적인 선택인 것처럼 군다. 유흥업소 라벨링은 유흥산업이 자신의 규모를 확대하고 산업 내부에서 끊임없이 새로운 수익을 창출하기 위한 상품화 전략에 불과하다. 시장 규모가 커질수록 여러 자본가가 시장에 진입하고, 경쟁 자본의 수가 많아질수록 사실상 대동소이한 상품들 간의 성분, 패키지, 광고 모델 등의 차별화 전략으로 판매량을 확보하고자 하는 자본의 전략과 다르지 않다.

유흥산업은 바로 그 별로 다르지 않지만 다른 것처럼 보여야 하는 미묘한 차별화를 인간 여성의 물질적·비물질적 수

---

* 티씨(TC, table charge)비 등으로 불리는 접대 과정에 지불되는 대가.
** 유흥업소의 업종 구분은 〈표 1〉과 같다.

행을 통해 외화해야 한다는 치명적인 문제를 안고 있다. 유흥업소 라벨링은 '여성'을 업종에 따라 서로 다른 상품으로 재구성하고 분류하는 방법이기도 하다. 유흥업소 라벨링을 통해 유흥산업이 업소를 고급, 중급, 하급으로 분류하고 서열을 만드는 과정에서 여성 역시 외모에 따라 고급, 중급, 하급으로 분류 및 서열화된다. 인간을 외모로 줄 세우고 그것 자체가 상품으로 거래되는 현실이 유흥산업 바깥에서는 성차별이라 불리지만, 유흥산업에서는 그저 업종별 특징 정도로 자연스럽게 여겨진다.[71]

유흥업소의 라벨링은 여성 종사자가 자신의 신체를 변형하고 재현하는 방향을 제시하고 합리화하는 장치이기도 하다. 여성 종사자에게는 업종의 위계에 따라 다른 '홀복'의 스타일이나 화장법이 암묵적으로, 그러나 공공연하게 기대된다. 예를 들어, 룸살롱 중에서도 소위 고급 업종인 '텐프로' 업소에서는 최대한 자연스러운 복장, 화장법, 그리고 어느 정도 비싸 보이는 장신구를 장착해야 하고 '건드리기 쉽지 않아 보이는' 여성의 신체를 갖춰야 한다. 반면 같은 룸살롱이더라도 중급이라고 여겨지는 업소에서는 여성에게 '텐프로'보다는 좀더 유흥업소에서 일하는 '아가씨'다운 복장과 화장법을 요구한다. 여성 종사자는 자신이 속한 업종에서 남성 손님에게 선택받기 위해 해당 업종이 기대하는 '아가씨'의 신체를 체현하게 되는데, 유흥업소의 규범에 맞게 몸을 변형할수록 남성

유흥업소, 제도화된 남자들의 방

<표 1> 유흥업소 업종 및 특징

업종 이름	특징
텐프로	• 동일한 시간에 여성들이 여러 방을 이동할 수 있음. • 룸 계열 중 위계상 가장 높은 단계에 위치한 업종. • 공식 2차는 없음. • 여성 종사자의 외모가 중요, 업소 안팎으로 손님 관리가 필수.
텐카페 (룸카페)	• 동일한 시간에 여성들이 여러 방을 이동할 수 있음. • 텐프로의 대중화된 업소. • 공식 2차는 없음. • 여성 종사자가 방을 포기하기 어렵고 거절이 어려움.
하드코어 클럽	• 기본 시간: 1시간 10분. • 공식 2차 없으나 룸에서의 수위가 가장 높음. • 룸에서 탈의 뒤 구강성교 진행.
풀살롱 (하드풀/ 소프트풀)	• 공식 2차 있음. • 매직 미러 초이스 시스템. • 룸에서 탈의 뒤 구강성교 진행(하드풀의 경우).
가라오케	• 기본 시간: 2시간. • 가볍게 같이 노는 분위기로 수위 낮은 편. • 손님 연령대가 낮음. • 정가라오케와 짭가라오케로 구분되며, 후자의 수위가 상대적으로 높음.
노래주점/ 단란주점/ 노래바	• 기본 시간: 1시간. • 노래방과 유사하나 양주를 판매하고 노래방에 비해 대형 업소.
노래방	• 기본 시간: 1시간. • 맥주 정도 판매함. 규모가 작음. • 홀복이 아닌 사복 착용 가능.
바 (모던바/착석바)	• 시간 기준 없음. • 시급이 낮고 술을 많이 마셔야 함.
일본 주재원 클럽	• 주 고객이 일본인. • 여성들은 일본인과 한국인이 섞여 있음. • 2차 없음.

손님은 여성 종사자를 함부로 대해도 되는 '아가씨'로 인식하는 아이러니가 발생한다.

유흥업소, 제도화된 남자들의 방

2장

룸살롱 공화국의
'흥겨움'

유흥업소의 영업전략

대체 뭐가 그렇게 좋을까?

성매매 피해 지원 상담소에서 일을 하면서 유흥업소는 항상 나에게 최고의 화두였다. 이렇게 유흥업소에서 성매매가 빈번하게 이루어지는데, 성매매가 아니더라도 온갖 여성 혐오적인 행위들이 용납되는 공간이 유흥업소인데, 그 유흥업소가 이렇게까지 많은 현실을 어떻게 해석해야 할지 난감했다. 현장활동을 시작하고 내 눈에는 더 많이, 자주 유흥업소가 보이기 시작했는데 "아는 만큼 보인다"라는 말이 딱이었다. 이 책을 읽은 독자들도 이제 어딜 가든 유흥업소 간판부터 보일 거라 확신한다. 여행을 가서 머무는 모텔촌마다 유흥업소가 즐비하고, 모텔방의 휴지곽에는 "여대생", "간호사" 같은 말과 전화번호가 적혀 있었다. 별 생각 없이 걷던 홍대입구역에서부터 합정역으로 이어지는 대로변 지하의 가게들은 밤에만 불이 켜졌고 내 눈에 그 간판 아래 적힌 '유흥주점'이라는 작은 글씨가 보이기 시작했다. 담배는 모자이크 처리하면서 유흥업소에서 남자 손님들이 홀복을 입은 여성을 초이스해서 옆에 앉히고 술을 먹이고 멸시하는 장면은 모니터를 통해 버젓이 흘러나왔다. '맛의 거리'에 위치한 사무실 근처에는 단란주점과 유흥주점이 한 건물에 한 개씩 자리 잡고 있고 퇴근길 지하철역 뒷골목에는 밤마다 봉고차가 여자를 싣고 나른다.

제1장에서 한국 사회에는 유흥업소가 많고, 그 역사도 오래됐고, 유흥산업이 국가장려 산업이었으며, 아직까지 그 위상이 높다는 이야기를 구구절절 적었지만 한국에 사는 사람은 사실 누구나 안다. 유흥업소가 주변에 깔려 있다는 사실을. 어떤 노래방에 가면 노래방 도우미를 부를 수 있다는 걸 모르는 한국 사람이 몇이나 될까? 대체 뭐가 그렇게 좋을까? 유흥업소의 '1차'에서 어떤 일이 일어나고 있기에 남자 손님들은 그 큰돈을 지불할까? 유흥업소는 술값도 비싸고, 여성 종업원 1명당 테이블비만 해도 보통 10만 원이다. 테이블비가 가장 낮은 곳이 노래방일 텐데, 노래방조차도 1시간에 노래방 도우미 1인당 2만 원에서 2만 5,000원은 지불해야 한다. 성매매가 없는 '1차'에 대체 무슨 매력이 있길래 유흥업계가 이

렇게 호황을 누리는지 궁금했다. 그래서 나는 대학원에 갔고 유흥업소를 주제로 논문을 쓰기로 했다. 유흥업소를 깊이 파 보고 싶었다. 그곳에서 대체 남자들은 뭐가 그렇게 즐거운지, 그 과정에서 유흥업소에서 일하는 여성 종사자들은 무엇을 경험하는지 알고 싶었다.

유흥업소의 영업전략에도 관심이 많았기에 유흥업소에 서 일하는 웨이터나 악기를 연주하는 밴드, 유흥업소 실장이 나 업주를 두루 만나보고 싶었다. 그러나 유흥산업과 연결된 다른 사람들과의 만남은 쉽지 않았고, 결과적으로 성매매 피 해 지원 상담소에서 활동하는 동안 만났던 내담자들 중 유흥 업소에서 일한 경험이 있는 여성들에게 유흥업소에 대한 나 의 궁금증을 물을 수 있었다. 유흥업소의 손님들을 추가적으 로 만날 필요가 있을까 고민하기도 했지만 여성들의 경험과 자기 해석에 집중해 유흥업소를 분석하기로 결정했다.

유흥업소의 다른 행위자들을 직접 만나는 대신 유흥업소 구인구직 사이트와 후기사이트에 올라온 유흥업소의 홍보글, 그리고 유흥종사자를 구인할 때 유흥업소의 일을 소개하는 문구들을 검색해 분석하기로 했다. 디지털 시대의 변화에 발 맞춰 여성 종사자, 남성 손님, 업소 관리자들은 온라인 커뮤 니티 및 구인구직 사이트, 후기사이트를 통해 각자의 이해관 계에 따른 정보를 수집하고 교류하기 때문에 유흥업소의 홍 보글, 소개글은 쉽게 찾을 수 있었다. 모든 사이트에는 성인

인증 이후 쉽게 접속할 수 있었고 회원 가입 없이도 게시글을 읽을 수 있었다.

2018년에서 2019년에 걸쳐 유흥업소 구인구직 사이트 중 'ㅋ알바' '알고○' '악○알바' '여○알바'를 중점적으로 살폈다. 유흥업소 구인구직 사이트의 실제 사용 인원을 가늠할 방법이 없고 유흥업소 구인구직 사이트에 게시된 유흥업소 광고물의 내용은 대동소이해 어떤 사이트가 대표적이라고 꼽기는 어려웠다. 이에 한 인터뷰 참여자가 요즘 많은 여성이 사용한다고 소개해준 'ㅋ알바'의 게시물을 집중적으로 취합했다.[1]

이 외에도 각종 성구매 후기가 공유되는 후기사이트에서 남성 구매자들이 어떤 내용으로 후기를 작성하고, 어떻게 업소들이 후기사이트를 통해 호객행위를 하는지, 후기사이트 관리자들은 어떤 분위기를 조장하는지를 살펴보고자 했다. '밤문화', '업소 후기' 등으로 구글 검색을 하고 성매매 현장에서 자주 거론되는 후기사이트 세 곳인 '아○한 달리기' '밤○전쟁' '○메 센터'를 주기적으로 방문해 자료를 축적했다. '아○한 달리기'와 '○메 센터' 사이트가 차단된 뒤 '밤○ 전쟁'이 성구매 후기사이트로 대표성을 띠는 듯했으나 성매매 현장 단체의 고소 고발로 현재는 '밤○ 전쟁' 사이트도 폐쇄되었다.[2]

유흥업소 종사자를 인터뷰하는 것은 복잡한 마음을 불러일으켰다. 성매매 피해 지원 상담소의 상담원 위치에서 내담자를 지원하기 위해 이야기를 듣는 것과는 느낌이 사뭇 달랐다. 서로 편하게 대화할 수 있는 내담자를 중심으로 인터뷰를 제안하고 진행하면서도 당사자의 경험을 '분석'하는 행위 자체에 묘한 자책과 거부감이 일기도 했다. 성매매 피해 지원 상담소 활동가로서 상담 사례를 분석하고 글도 써봤지만, 논문을 쓰기 위해 인터뷰를 제안하려니 매우 조심스러워졌다. 내가 당사자의 경험을 이용해서 석사 학위라는 이익을 얻는 것 같은 찝찝함? 굳이 떠올리고 싶지 않은 경험을 내가 헤집어놓는 것이면 어떡하지? 인터뷰가 여성들에게 어떤 경험으로 남을까? 나뿐만 아니라 현장활동을 바탕으로 논문을 쓰는 다른 대학원 동기들 역시 오랫동안 이 질문을 붙들어야 했다. 우리는 이와 같은 질문에 쉽게 답하기 어려웠다. 우리는 우리를 목격자로 위치시키고자 했다. 우연히 목격하게 된 고통을 목격하며 서로 연결되었으니 내가 목격한 장면을 공공의 장소로 이동시키는 과정으로 글쓰기의 의미를 찾으려 노력했다. 당사자의 경험으로부터 배운다는 마음을 깊이 새기며 인터뷰를 준비하고 여성들과 만났다.

　　인터뷰를 하기에 앞서 참여자가 최대한의 정보를 알고 인터뷰 참여를 결정할 수 있도록 연구의 목적과 의의, 면접 진행 과정을 문서로 작성해 참여자들에게 공유하기도 했고, 요청이 있을 시 구체적인 연구 계획서를 전달했다. 대체 이 유흥업소를 어떻게 하면 좋겠는지 참여자의 의견을 구하기도 하고, 인터뷰 과정이 어땠는지 마지막에 같이 평가를 나누는

유흥업소의 영업전략

시간을 갖기도 했다. "이렇게 구체적으로 이야기를 해본 건 처음인데 이야기를 하면서 자신의 경험을 정리할 수 있었다"라는 평가, 이 작업을 하는 이유를 듣고 "꼭 많이 읽혀서 유흥 종사자가 겪는 폭력적인 상황들이 개선되면 좋겠다"라는 당부는 이 작업을 이어나갈 수 있는 큰 힘이었다. 그렇게 2019년 여름 내내 인터뷰를 하며 여성들을 만났다. 인터뷰 참여자들의 특징은 다음과 같다.

〈표 2〉 인터뷰 참여자의 일반적 특성

이름 (가명)	나이	학력	최초 업소 종사 나이	성산업 종사 기간*	고용 형태**	경험한 성산업 업종***	2차 경험 유무
지선	30세	대학 재학 중	23세	5년	보도 /지정	모던바, 노래바, 노래방, 키스방, 1차룸, 2차 룸(2차가 필수인 룸살롱), 오피스텔, 조건만남, 일본 주재원 클럽	○
해수	25세	고교 중퇴	17세	9년	보도 /지정	단란주점, 룸살롱, 노래방, 유흥주점, 풀살롱	○
재민	25세	고교 졸업	20세	6년	보도 /지정	노래방, 풀살롱, 주점, 룸, 소프트풀, 키스방	○
도연	28세	대학 졸업	20세	6년	보도 /지정	모던바, 키스방, 노래방, 룸살롱, 가라오케, 하드코어클럽	○

이름	나이	학력		기간	형태	업종	
보령	31세	고교 중퇴	19세	7~8년	보도 /지정	티켓다방, 노래방, 룸살롱, 조건만남, 술3종, 성매매 집결지(음주와 성구매를 동시에 하는 곳)	○
정수	40세	대학원 졸업	16세	15~16년	지정	노래방, 노래주점, 룸살롱, 나이트클럽, 안마, 해외성매매(클럽), 해외성매매(마사지), 클럽(여성을 고용해서 운영하는 클럽)	○
규선	35세	대학 중퇴	30세	6년	보도	노래방, 유흥주점	×
민하	46세	대학 중퇴/ 대학 재학 중	20세	19~20년	지정	룸카페, 룸살롱, 텐프로, 안마, 주점	○
나윤	26세	대학 재학 중	16~17세	9~10년	보도	조건만남, 노래방, 오피스텔, 립카페(키스방과 유사), 안마	○

---

* 인터뷰에 참여한 여성 대부분은 가게, 지역, 업종을 옮겨다니며 일했다. 이는 새로운 얼굴(New Face, NF, '뉴페'는 새로운 여성 종사자를 의미하는 성산업의 은어로 구매자에게 여성을 홍보하는 용어 중 하나이기도 하다) 이 그 자체로 '잘 팔리는' 조건이 되는 성산업에 종사하는 여성들의 공통적인 특징이며 그중에서도 수도권을 위시한 도시에서는 다양한 업소가 존재하고 이동이 자유롭기 때문에 더 눈에 띄는 특징이기도 하다. 주 5일 근무를 해야 하거나, 고용과 퇴직이 명확한 근무 환경이 아니기 때문에 1년 동안 일했다고 하더라도 1년 내내 성산업에 종사했다고 볼 수는 없다.

** '보도'는 여러 가게를 오가며 일하는 형태를, '지정'은 특정한 가게에서만 일하는 형태를 뜻한다.

*** 업종에 대한 구체적인 설명은 제1장의 〈표 1〉을 참고할 것.

유흥업소의 영업전략

유흥업소 구인 구직 사이트의 주소는 다음 〈표 3〉으로 정리했고, 주로 2018년과 2019년에 이 사이트들을 살펴보았다.

<표 3〉 유흥업소 구인구직 사이트 목록[3]

	사이트명	사이트 주소
1	ㅋ알바	https://queenalba.net/index_nadult.php
2	알고○	https://algojob.kr/
3	여○알바	https://www.foxalba.com/
4	악○알바	http://www.badalba.kr/

유흥업소의 '1차' 영업전략

유흥업소에는 접대 과정에서 남성의 즐거움을 보장하기 위한 장치들이 있다. 그중 첫 번째가 바로 종속적인 파트너 관계를 만드는 '초이스'와 테이블비 계산 방식이다. 남성 손님이 자신의 옆에 앉을 여성 종사자를 선택하는 '초이스'는 접대에서 필수적이다. 지금까지 성매매 연구에서 유흥업소의 '초이스'는 남성에게는 비싼 주대와 테이블비를 합리적인 소비로 전환시키는 단계이자 "여성과 현금이 교환되는 매매 그 자체의 순간"[4]으로 분석되곤 했다. 이 글에서 나는 '초이스'가 이외에도 남성 손님과 여성 종사자를 1 대 1 파트너 관계로 묶어 남성 손님에게 종속시키는 장치라는 점에 주목하려고 한다. 유흥업소의 접대 과정은 여성 종사자에게 일종의 무대가 된다. 그 시간 동안 여성 종사자는 자신을 '초이스'한 남성 손님의 기대에 걸맞은 '아가씨'로 연출한다. 아가씨의 자리는 파트너 남성의 옆자리로 고정되고, 아가씨의 표정, 행동, 말투 등 모든 수행은 남성 손님에게 종속된다.

몇 시간을 같이 있는데, 담배 피우러 갈 때도 눈치 봐야 되죠, 화장실 갈 때도 말하고 가야 되죠, 이건 무슨 궁녀도 아니고. "화장실 좀 갔다 오겠습니다" 하고 갔다 오고 (허락받아야 해?) 응, 말없이 가면 "얘 어디 갔어? 얘 내가 돈 주고 시간 끊었는데 얘 왜 자리를 비워. 야, 이거이거 시간 간다?" (보령)

보령이 말하듯 '초이스' 이후 여성 종사자는 남성 손님의 필요에 따라 춤을 추거나 노래를 부르기 위해 옆자리를 벗어나는 일을 제외하고는 자유롭게 움직일 수 없다.* 남성 손님

---

* 텐프로 업소의 경우 10분에 한 번씩 여성 종사자가 다른 방으로 이동한다. 텐프로 업소는 유흥업소의 위계 중 최상급에 속하기 때문에 이러한 이동이 가능하며, 남성 손님 역시 10분마다 여성 종사자가 회전하는 것을 텐프로 상품의 특징 중 하나로 허용한다. 여성이 회전을 안 하고 하나의 방에만 머물도록 하려면 더 큰돈을 지불해 방에 여성을 '묶어야' 한다. 지불된 돈에 따라 머물러야 하는 시간 안에서는 텐프로 업소 여성 종사자 역시 남성 손님 옆에 있어야 한다.

유흥업소의 영업전략

들의 '허락' 없이 여성들이 이동할 수 없는 환경은 남성 손님들에 의한 성적·신체적 침범에 여성들이 취할 수 있는 저항과 자기보호 전략을 협소하게 만든다. 이러한 현실을 반영하듯 인터뷰 참여자들은 유흥업소에서 남성 손님들이 "아가씨(나)를 산다"라고 표현한다.

> 똑같이 술 마시고 술 빼야 하고 노래 부르고 그런 걸 다 떠나서 남자가 있고 그 사람이 일정한 시간 돈을 지불하고 저를 사서 그런 거? 돈 주고 저를 사서 같이 술 마시는 거? [중략] 갑을 관계는 확실하게 있는 거고. (지선)

> (한국에서는 어쨌든 1차랑 2차를 다르게 보잖아요. 다른 거 같아요?) 아니, 제가 봤을 땐 똑같아. 뭐 결론은 돈을 주고 사람을 사는 거니까, 어떻게 보면? 난 다른 건 없다고 봐. 결론은 하여튼 지 옆에 앉히려고 돈을 주고 산 거잖아. 그러기 때문에 전 산 거라고 생각하기는 하는 거죠. (해수)

> 그냥 어쨌든 아가씨 팔아서 어떻게든 일 시키고 일해서 자기들이 돈을 버는 거잖아요. (규선)

여성 종사자는 남성 손님의 허락 없이 움직일 수 없는 물리적 속박을 경험한다. 그렇기에 종속된 파트너 관계를 전제로 한 유흥업소에서 남성 손님들이 돈을 주고 사고자 하는 상품은 특정한 서비스가 아니라 '아가씨'라는 존재 그 자체로 전환된다. 유흥업소의 파트너 관계는 흡사 1 대 1 이성 관계의 모사처럼 보이나 접대 과정에서 남성 손님과 여성 종사자 사이의 불평등한 권력관계는 왕과 시종, 주인과 노예의 관계에 가깝다.

솔직히 출근 못 해도 돼. 못 해도 돼, 안 해도 되는데 아가씨가 손님한테 잘해야 돼요. 말을 잘 들을 수밖에 없고 손님한테 잘할 수밖에 없는 거야. 손님한테 못하면 내가 돈을 못 버니까. (손님이 왕이구나) 네, 거긴 정-말 손님이 왕이에요. (해수)

어쨌든 이 일은 무조건 술을 먹어야 되고. 그 공간, 뭐라 해야 하지, 약간 아까 말했던 것처럼 이 돈을 내는 시간 동안은 주인과 노예가 된 듯한? 제가 이 사람한테 뭐라 할 수 없잖아요. 이 사람이 나한테 돈을 주는 사람이 되니까. 그게 힘든 건데 남자들은 돈을 쉽게 버는 줄 알고. (재민)

오로지 남성 손님의 선택에 따르는 '초이스' 단계가 남성 손님과 여성 종사자 사이에 맺어지는 파트너 관계의 일방적인 종속성을 상호 모두에게 각인시키는 과정이라면, 불공평

유흥업소의 영업전략

한 테이블비 시스템은 '1차' 내내 종속성을 유지하는 장치다. '1차'에 대한 대가는 '테이블비', '티씨TC비'로 불리는데 여성 종사자는 남성 손님이 제안한 시간까지 방 안에 파트너로 머무를 때만 약속된 테이블비를 받을 수 있다. 중간에 남성 손님이 여성 종사자를 방에서 쫓아내거나, 혹은 남성 손님의 무리한 요구를 거절하며 여성 종사자가 스스로 방에서 나간다면, 여성 종사자는 돈을 받을 수 없다. 파트너 관계의 시작과 중단 모두 남성 손님의 결정에 달렸다. 유흥업소는 여성을 속박하고 남성 손님에게 종속시키는 '파트너 관계'를 상품화하고 정해진 시간 동안의 공간 통제권을 남성 손님에게 일임한다. '종속적인 파트너 관계'를 누리고자 남성 손님들이 접대에 돈을 쓰기 때문에 유흥업소는 '초이스', 테이블비 책정 시스템과 같이 여성의 이동을 제한하는 암묵적인(그러나 명백히 공유되는) 규칙을 바꿀 가능성이 전무하다.

남성의 즐거움을 보장하는 유흥업소의 두 번째 장치는 남성의 성적 침범을 유희로 정당화하는 것이다.

이제 손님들이 한 보통 10~15분 정도 지나기 시작하면 만지려고 하는 손님들이 많아서, 근데 그걸 처음에는 '뭐, 그래', 그러면서 가슴 만지게 허용해줬으면, 처음에 허벅지를 허용하면 가슴을 만지고, 아니면 허벅지 안쪽으로, 치마로 들어오니까 점점 심해지니까 나중에는 뭔가 '아, 이게 뭔가

를 허용해주면 안 되는구나' 이런 걸 알았어요. 만지는 손님들도 되게 많고. (지선)

지선은 공식적으로는 스킨십이 안 되는 업소에서 일했을 때에도 자신의 파트너인 남성 손님에 의한 성적 침범을 "허용"해야 했다. 인터뷰 참여자들은 손님에 의한 성적·신체적 침범을 "터치", "스킨십"이라 부르고, 참을 수 없을 정도의 침범을 하는 남성 손님들은 "진상"이라 일컬었다. 성적 침범이 "터치"와 "스킨십"으로 불릴 때 폭력성은 탈각되고 접촉은 동의한 관계로만 남는다. 참을 수 없을 정도의 침범이 '진상' 정도로 여겨지는 유흥산업의 현실은 여성 종사자에게 성적 추행이 얼마나 일상적인지를 방증한다. 남성 손님들은 유흥산업에서 성적 침범이 용인된다고 전제하고, 개개인 여성 종사자의 동의 여부는 묻지 않는다. 만약 남성 손님이 동의 여부를 묻고 여성 종사자가 이를 거절한다면 어떤 상황이 벌어질까? 대개의 경우 파트너 관계는 중단되고 남성 손님에 의해 여성 종사자는 방에서 쫓겨난다.

우리는 막 쭈뼛쭈뼛하니까 이 사람들 재미가 없는 거야. 그러면 중간에 캔슬[취소]. [중략] 그 테이블 안에서의 그런 거는 솔직히 허벅지 한번 만졌다고, 가슴 한번 만졌다고, 이런 스킨십을 했다고 여자들이 고소할 거예요? 그거 가지고 뭐라고 할 거예요? 안 그래요, 절대. 그리고 "그거 가지고 뭐라고 할 거 같으면 그 일을 안 해야지"라고 얘기를 해요, 업주들이. (응? 업주들이?) 당연하죠. 그런 얘기를 그냥 뭐 "아, 자꾸 가슴 만지고 막 이런다"고 그러면 "야, 그러면 그냥 다 받아줘야지 그럴 때 승질내면 손님이 오겠냐?" 이게 보편적인 거지. "어떤 새끼가 가슴을 만져?" 이렇게 하는 사람은 없어요. (보령)

보령은 스킨십에 적극적으로 참여하지 않았다가 방에서 쫓겨나는 경험을 한 뒤 접대 과정에서 스킨십은 이미 '합의된 내용'이라는 현실을 깨달았다고 말한다. 성적인 침범을 받아주지 않을 거라면 "그 일을 안 해야" 한다는 업주들의 말은 유흥업소에서 여성 종사자를 성적으로 침범하는 행위가 사전에 승인된 행위임을 보여준다. 여성 종사자의 동의와 선택은 무의미한 것처럼 치부된다.

너무 싫어요. (뭐가?) 그 춤출 때도 막 그 저희가 생각하는 막 클럽 가서 그런 춤을, 즐기자는 춤이 아니고 아저씨들 춤 있잖아요. 여자 하나씩 끼고 추는 그런. (부르스?) 응, 그런 걸 해요, 꼭 그 인간들은. 그런 거 하면 꼭 그런 거 할 때 방이 우선 깜깜하고 조명만 돌아가잖아요. 그니까 그때 막 만지는 거죠. (그래서 표정이 이랬구나.) 개끔찍. (재민)

재민에게 '부르스 타임'에서 남성 손님들이 하는 성적 침범은 "개끔찍"한 일이지만 이 침범을 거절하는 것은 선택지에 없다. 거절하고 방에서 이동하는 순간 남성 손님에게 받기로 했던 테이블비를 포기해야 하기 때문이다. 남성 손님들에게 유흥업소에서의 성적 침범은 이미 돈으로 합의된 '스킨십'이고 여성 종사자는 유흥업소의 규범을 익히지 않고서는 여기에서 일할 수 없다는 것을 경험적으로 터득한다.

정상적인 룸은 일단 스킨십이 있는 건 맞는 거 같아요. 근데 마무리*라든가 옷을 벗는다든가 그런 개념이 없는 그냥 두 시간 동안 정말 접대라는 개념으로 흘러가는 것. 저는 솔직히 룸도 성접대라고 생각해요. 성접대인데 적당한 스킨십과 술 따르고 안주 먹여주고 안주로 뽀뽀해주고 이런 정도? (도연)

(스킨십 기본이에요?) 좀 기본이에요. (정도는 분위기마다 다른 거?) 기본이라고 하는 스킨십은 손 잡고 허벅지 만지고 노래 틀 때 부르스 할 때 껴안는 거 기본이고. '앗!' [하고] 경계하기 시작할 때는 부르스 출 때 손이 엉덩이로 내려가거나 가슴 몇 컵인지 보자고 얘기 나올 때부터 긴장. (나윤)

---

*   하드코어 업소, 하드풀 업소에서 입으로 남성 성기를 발기시키는 과정.

도연이 말하는 "적당한 스킨십"의 기준은 테이블비의 수준, 그 방의 분위기와 남성 손님의 스타일, 그리고 내가 지금 당장 얼마나 돈이 필요한지에 따라 유동적이다. 나윤은 남성 손님의 성적 침범에 얼마나 대응할 수 있는지를 판단하는 맥락을 좀더 구체적으로 이야기해주었다. 방 분위기가 거절을 해도 괜찮을 만한 분위기인지, 거절하고 방에서 쫓겨나 오늘 수입이 없더라도 괜찮은 경제적 상황인지, 오늘 다른 업소의 손님 숫자가 많아서 이 업소에서의 성적 침범을 거절해도 괜찮은 상황인지, 지금 있는 노래방 사장과의 친분이 꽤 있어서 손님에게 안 좋은 소리를 듣더라도 사장이 나를 이해해줄 관계인지, 이 동네에서 계속 일을 해야 하는데 거절을 하면 앞으로 일하기가 어려울 것 같은지, 손님이 이 동네에 자주 온 사람이어서 거절을 하면 같은 동네의 다른 가게에서 일하기 어려울지, 지금 방에 같이 있는 다른 여성들의 분위기는 어떤지, 여성들이 서로 눈치껏 받아주고 있는 수위의 정도가 어디까지로 보이는지 등을 고려해야 '스킨십'으로 넘겨야 하는 성적 침범과 거절할 수 있는 성적 침범 여부를 가늠할 수 있다.

이렇게 "기본"인, "적당한" 성적 침범의 수준은 매 순간 유동적이지만 인터뷰 참여자들은 테이블비에 따라서 그 기준이 달라지는 것 같다는 의견을 제시하기도 했다.

비용이 다르다보니까 그런 터치도 좀 심하고. (수위도 다르고?) 네. (음······. 그 진상짓이 돈을 더 많이 낼수록 심해진다?) 네, 맞아요. 절대적인 건 아닌데 어느 정도는 맞는 거 같아요. (지선)

노래방도 급이 있는데요, 2만 5,000원 받는 노래방은 무조건 치마를 입어야 해요. 근데 2만 1,000원, 2만 원 받는 데는 그냥 업주들이 그래요. "편하게 와. 그냥 추리닝만 빼고 와. 그 청바지도 입어도 되고 반바지 입어도 되고 추리닝만 빼고" 그냥 그렇게 얘기를 해요. 대놓고. (해수)

노래방이 제일 좀 그래도 수월하지 않나? (어떤 면이?) 음······. 조금 손님에 대한 부담감은 덜했던 거 같아. [중략] 아무래도 가격이 좀 더 싸잖아, 술값이나 이런 게. 룸 같은 거는 사장이 아는 사람도 접대하고 그래서 부담감이 좀 더 있고, 클럽*에서는 아무래도 멤버들**한테 잘못 보이면 안 되니까. (정수)

---

*   비즈니스 클럽을 지칭하는 것으로 보인다. 비즈니스 클럽이란, 룸살롱과 유사하나 술값이 상대적으로 저렴한 업태다.

**   보통 룸살롱에서 고정적으로 일하는 여성들은 한 명의 마담에게 소속되어 같이 가게를 옮겨 다니는데 그것을 '박스'라고 지칭하고, '박스'로 같이 움직이는 여성들을 '멤버'라고 부른다.

       유흥업소의 영업전략

아예 노래방을 가는 보도는 일단 차 자체가 그냥 승합차고 언니들이 연령대가 높아요. 한 40대도 있고 정말 많은 사람은 50대도 있었고. 그러다보니까 손님들 연령대도 높고 페이는 많이 작죠, 대신에. 다른 데보다는. **강남이 예를 들어 3만 5,000원을 준다, 그럼 그쪽은 2만 5,000원. 이런 식으로 다른 데보다 돈이 조금 적은 대신 편한 건 바지를 입고 해도 돼요. 옷이 노출이 없어도 돼요. 겉으로 봐서는 노래방 나가는 사람처럼 안 보이는. 바지 입어도 되고 노출 없어도 되고 훨씬 더 일하기[에,] 내가 생각할 때는 아가씨 입장에서는 안전하고 편하게 느껴지죠.** 일단 노출이 없는 옷을 입어도 되고 바지를 입어도 되니까 대신 돈은 좀 적지만 조금 더 안전하게 일하려면 거기서 일하는 게 낫겠다는 생각이 드는. (규선)

해수와 규선은 테이블비와 복장의 노출 정도를 연결하고, 복장의 노출 정도와 허용 가능한 '스킨십'의 수위를 연결한다. 테이블비가 높으면 노출이 심한 옷을 입어야 하고 노출이 심한 옷을 입었으니 성적 침범의 강도가 높아진다는 설명이다. 단적으로 규선은 "남자들이 봤을 때 되게 술에 취해서 오고 그러니까 좀더 야하게 입으면 '아, 이렇게 놀려고 저렇게 입은 거'라고 판단하게" 되므로 자신의 안전을 위해 낮은 테이블비를 감수하고 노래방에서만 일한다고 말하기도 했다. 그러나 이와 같은 해석은 여성의 옷차림, 행동거지에 따라 남성의 성욕이 자극받고 그로 인해 성적 폭력이 발생한다는 성폭력 피해자 유발론과 닮아 있다. 또한 이는 상품화된 자신의 위치와 더불어 유흥산업 외부에서도 다양하게 상품화되고 있는 여성의 열악한 조건을 고려한 판단이기도 하다. 그 결과 성적 침범의 원인은 여성 종사자 개인의 선택으로 치환된다. 이 논리에 따르면 내가 좀더 안전하려면 더 낮은 테이블비를 받는 업소로 이동해야 하고, 내가 더 높은 테이블비를 받으려면 남성 손님들이 요구하는 스킨십을 거절해서는 안 된다.

> (티씨비가 적절하다고 생각해요?) 아니. 난 좀더 셌으면 좋겠어. (왜?) 손님들이 1시간에 3만 원을 벌면 3만 원짜리로 보는 거 같아. (내가 지불한 금액?) 응. 내 값어치가 3만 원인 줄 아는 거 같아. 가격은 적정한데 이건 손님들 문제라고 보죠, 저는. 가격은 한 시간에 3만 원이면 많이 받지. 근데 달라져야 될 건 손님들 생각인데 손님들은 내가 붙잡고 말한다고 해서 달라질 거 같진 않고. (해수)

> (그럼 티씨비가 오르면 좋은 건가?) 티씨비가 오르면, 기대치도 오르겠지? (정수)

강조하건대, 테이블비는 성적 침범에 대한 가격이 아니다. 테이블비는 해수의 말처럼 남성이 여성에게 매긴 가치이기도 하고 정수의 말마따나 남성 손님이 스스로의 기대에 매긴 값이기도 하다. 소위 상급 업소인 텐프로에서 주로 일했던 민하는 테이블비를 남성 손님들의 호기심을 자극하는 장치로 해석했다. 텐프로 업소의 상대적으로 높은 술값과 테이블비는 그 소비를 감당할 수 있는 손님의 위치를 상징하며, 높은 '가치'를 지닌 아가씨들에 대한 호기심을 유도하기 위한 유흥업소의 전략이었다. 이처럼 테이블비의 높고 낮음과 여성 종사자의 옷차림은 인과관계에 놓여 있지 않다. 그러나 업주, 손님 등 유흥업소 관계자들은 성적 침범의 정도를 여성 종사자의 선택인 양 포장해왔다.

남성 손님의 '흥겨움'

폭력을 감추는 데이트 놀이

여성을 종속시킨 채 성적 침범을 자유롭게 할 수 있는 세팅 안에서 남성 손님들은 무엇을 바라며 앉아 있을까? 그중 첫 번째는 참 전형적이게도 '데이트하는 것 같은 즐거움'이다.

[2차가 목적인 남자들과] 다른 건 1차인 남자들은 나랑 사귈라 그러는 거야. 나랑 번호를 주고받고 손님 관리를 하잖아. 그럼 걔네들은 나랑 밖에서 따로 데이트를 하고 싶어 하는 거야. 돈을 안 주고 나한테 그런 애들도 많고요. 나도 모르게 "야야" 이러고 "어머, 미안, 오빠. 나 습관적으로 너무 편했나 봐" 이러면 손님들이 그 말을 좋아해. '편했나 봐' 그

말을. "오빠한테 나도 모르게 편해졌나 봐" 그러면 "편하게 해-". (왜 좋아할까?) 자기를 손님으로 안 보는 걸 대부분 좋아하죠. (손님으로 안 보면 뭐?) 뭐 애인, 썸남, 막 친구처럼. (해수)

남성들의 데이트 놀이에 대한 욕구는 성적 침범이 '스킨십', '터치'라는 부드러운 친밀감의 표현으로 불리는 이유이기도 하다. 남성 손님은 자신의 '흥겨움'을 만드는 1 대 1 파트너 관계의 여성이 표현하는 친밀감, 여성 종사자의 웃음에 대한 의심이 없다. 적당히 편한 말투, 서로 처음 보는 사이지만 오랫동안 봐온 관계처럼 활달한 대화, 나윤의 표현에 따르면 "약간 싱그럽고 뭔가 이 유쾌하게 약간 달짝지근한데 재밌는 썸 타는 느낌", 성적 긴장감이 흐르는 관계에서 상호 친밀감을 표현하는 데 사용되는 제스처를 통해 남성 손님은 즐거워진다. 지금 룸에 앉아 있는 남성과 여성이 서로에게 호감이 있고 그 호감을 바탕으로 '1차'가 지속되고 있다는 착각은 여성 종사자가 이 연기를 중단하고 룸 바깥으로 나가지 않는 이상 문제가 없다.

(그렇게 노래만 부를 거면서 왜 아가씨를 앉힐까요?) 나도 물어봤거든요, 언니? "그럼 그냥 혼자 노래방을 가" 그러니까, 그래도 혼자 노래방 가는 건 싫대. 옆에 누가 있었으면 좋겠

대. (손님들이 테이블에서 기대하는 거?) **다정한 거. 다정하고 먼저 말도 좀 걸어주고 먼저 치대는 걸 좋아하죠.** 지들은 돈을 냈으니까 나름 품위도 유지하고 싶고 진상부리고 싶고 치대고 싶은데 괜히 진상으로 소문나는 건 싫은 거지. 자기 체면이 있으니까. 그니까 아가씨가 먼저 가서 달라붙는 걸 좋아하지, 다정하게. 나는 애한테 다정하고 싶지 않은데 다정하게 하니까 그게 감정노동이고……. (해수)

여성 종사자는 자신의 파트너인 남성에게 '다정함'과 '썸 타는 느낌'을 줘야 한다. 남성 손님이 바라는 다정함은 성적 긴장감을 전제로 한 다정함으로, '여자', 즉 '아가씨'를 통해서만 만들어질 수 있다. 물론 이는 방에 앉은 남성들의 상황에 따라 달라지는데 비즈니스를 위해 방문했을 때 말고 친구나 선후배, 형-동생 관계인 남성들이 놀러왔을 때 여성 종사자로부터 '썸 타는 느낌'의 '다정함'을 기대한다. 이런 상황은 기존 성매매 연구에서 성구매자들이 여성에게 '친밀성'을 욕망한다는 분석과 닿아 있다.[5] 남성들의 집단적인 성구매 행위를 분석한 신동원은 남성 성구매자들이 "돌봄, 직관, 정서적 친밀함, 연약함 등의 소위 여성적인 것들을 거부하고 부정"[6]함으로써 남성다움을 획득하는 동시에 비남성인 타자로서의 성매매 여성과의 친밀하고 진심 어린 관계를 욕망하고 그 관계 맺기로부터 "마음의 안식처"[7]를 얻고자 한다고 분석한다. 성

남성 손님의 '흥겨움'

매매 과정에서 남성들은 여성을 타자로 위치 짓고 그 타자를 경유해 자신들이 스스로 배제하고 박탈한 정서적이고 감정적인 영역을 획득하고자 한다.

1970년대 이후의 국제적 성거래를 '탈산업화된 성상업 postindustrial sexual commerce'로 재정의한 엘리자베스 번스타인Elizabeth Bernstein은 남성 고객들이 성노동자에게 따뜻함과 친근함을 외모보다 강조하지만 이러한 정서적 연결은 남성에게 어떤 의무도 부과하지 않기 때문에 이를 '제한된 진정성 bounded authenticity'으로 명명한다.[8] 이렇게 이성애 관계에서 요구되는 여성의 성적 역할이 성별화된 역할과 연결되어 있다는 지적은 성매매를 비롯한 여타 성거래 분석에서 공통적으로 등장한다.[9] 종속성과 폭력을 감정으로 말랑하게 둘러싸고자 하는 남성들의 욕구는 여성들이 접대 과정에서 경험하는 부정적인 감정을 표현하지 못하게 하고, 남성의 욕구를 중심으로 감정노동을 구사해야 하는 상황을 조성한다. '2차'로 가는 길에 남성 손님들은 성적 스릴, 이성 관계의 '연애'로 포장할 만한 '아가씨'로부터의 다정함이 필요하다. 자신이 폭력을 휘두르고 있고, 여성은 어쩔 수 없이 자신에게 친절한 척을 하고 있는 것이라면 '1차'의 즐거움은 손상된다.

유흥업소에서 남성 손님이 어떤 의무와 책임 없이 여성을 통해 얻을 수 있는 다정함을 '제한된 친밀성'이라 부를 수 있지 않을까? 이 제한된 친밀성은 '1차'를 구성하는 폭력적인 장치를 정서적으로 감싸 비가시화한다. 남성 손님들은 여성 종사자가 억지로, 어쩔 수 없이 자신을 접대하고 있다는 사실을 알고 있다. 그러나 유흥산업이 전제하고 있는 여성 종사자의 다정한 제스처와 거절하지 않는 말투, 전적으로 남성 손님을 돌보는 각본은 '1차' 과정의 폭력성을 감추고 그것이 여성 종사자 개인의 감정에 따른 우호적인 행위로 보이게 만든다. '자기들도 좋아서 하는 것'이라는 착각은 불평등한 관계로부터 오는 죄책감이나 불편함을 감소시키고 종속된 관계의 폭력성을 회피하는 데 좋은 수단이다. 이는 포르노의 문법과도 유사하다. 포르노는 강제로 시작한 성폭력을 여성이 즐겁게 받아들이고 성적인 기쁨에 굴복하며 여성 쪽에서 폭력을 원하는 결말로 치닫는 내러티브를 공유한다. 그렇기 때문에 '1차'의 데이트 놀이는 남성이 아닌 여성 종사자가 먼저 치대면서, 여성 종사자 쪽에서 적극적으로 시작해야 한다.

자기 자랑과 허세

(그러면 그 사람들은 뭘 기대하고 오는 걸까?) 음- 스킨십. 제가 생각할 땐 그래요. 스킨십. 그리고 대--접! (대접?) 얘가 개소리를 해도 "어, 맞어, 오빠. 응, 멋있어, 오빠"[높고 가느다란 목소리로]. 사실은 서비스잖아요. 아무리 개소리를 해도, 아무

리 막 대해도 "응, 오빠, 진짜 강아지 같고 귀엽다"처럼 어떻게든 맞춰주잖아요. 그러니까 모든 걸 맞춰주는 거. (도연)

돈을 지불하면 여성 종사자에게 무엇이든 해도 된다는 유흥산업의 암시 속에서 남성 손님은 자신의 힘을 과시하고 자랑하며 기분이 좋아진다. 즐겁고 흥겨운 남성 손님들은 자기 자랑을 친절하고 상냥하게 받아주고 자신의 돈, 힘, 잘남에 깜짝 놀라며 감탄하는 여성 종사자의 반응에 더 흥이 난다.

자기 외모에 자신감이 엄청나고, 그 막 내가 막 한 달 월급이 어쩌고 얘기하고, 차가 [어떤 건지] 뭐 그런 거 얘기하고, 자기 자랑하고, 이제 아가씨들 성희롱하거나, 뭐 아가씨들 돈 얼마 받는지 이런 거 물을 때도 있고. 그냥 자기들 일상 얘기하는 사람도 있고. 또 뭔 얘기를 하지? 그냥 약간 아가씨들 들으라는 듯이 자기들끼리 허세를 담은 얘기들을 또 하고. 사회 나가면 못생겼다느니 성격 별로라느니 그렇게 얘기 들을 것 같은 사람이 (웃음) 여기 와서는 "아, 오빠, 너무 잘생겼다" 그러고 "아, 오빠, 어쩜 그렇게 노래도 잘하고" 우쭈쭈 해주고. 여기서는 내가 되게 괜찮은 사람으로 뭔가…… 내가 진짜 사회 나가면 누가 말 걸지도 않을 텐데 여자들이 그렇게 잘해주니까. (지선)

대부분 유흥업소 다니는 남자들의 특징을 보면 우쭈쭈쭈쭈쭈 떠받들어주는 걸 되게 자기가 뭐 된 거 같은 그런 기분을 받나봐요. 허세가, 다들 말로는 뭐 내가 너한테 차를 사주네 뭐를 사주네 다들 그래요, 좀 떠받들어주면. 조금만 "어', 오빠 능력 있다, 멋있다". [중략] **잘난 척하러 오는 거예요. 자기 얘기하려고. 진짜 다 똑같아요. 저도 손님으로 변호사, 의사도 보는데 다 똑같아. 자기 얘기하기 바빠요. 그냥 지 잘난 맛에. 지 주변 사람들은 이미 아니까, 새로운 사람한테 떠들고 싶은 거예요, 지들은. 얼마나 지 자랑이 하고 싶겠어요, 지 잘났는데.** (재민)

지선과 재민은 남성들이 접대 과정에서 여성 종사자에게 자기 자랑을 하고 허풍을 떨고 인정받고 싶어 하는 원인으로 이들이 "사회 나가면 못생겼다느니 성격 별로라느니 그렇게 얘기 들을 것 같은 사람"(지선)이고 "자기는 그런 대우를 받지 못하는 사람이니까 돈을 쓰고라도 그런 대우를 받고 싶어 하"기 때문(재민)이라 해석한다. 하지만 이는 여성 종사자들이 남성 손님들의 행태를 이해하기 위해 사회에서 통용되는 성구매자에 대한 논리를 답습한 것으로 봐야 한다.

"보통 남자들이 이런 데 와서 돈 주고 아가씨랑 뭐 노는 게 왜일 거 같냐" 하면서 오히려 질문을 해요. 그러면서 "원하는 거 그거밖에 없어. 야, 어디 가서, 야, 남자들이 대한민국 남자들이 어디 가서 스트레스를 풀겠냐? 어? 회사 가면 상사 눈치 보랴 집에 가면 마누라한테, 어, 마누라가 뭐 내 얘기를 잘 들어주나, 뭐 잔소리만 해대지, 바가지만 벅벅 긁어대지. 근데 이런 데 오면 그래도 니들이 어쨌든, 아가씨들 니들은 돈 벌어가려고 하는 거겠지만, 어쨌든 우리가 하는 얘기, 우리가 해달라는 거 다 들어주고. 내가 얘기하는 거 그 거기에 반박 안 하고, 그냥(웃음) 마누라처럼 반박 안 하고. '어, 오빠 말이 맞아 맞아' 다 긍정적으로 들어주고, 일단 들어주는 걸 잘하니까" 그러니까 그걸 가장 강조하더라고요. "일단 니들은 들어주잖아 오면." (규선)

유흥업소를 방문하는 남성들은 자신의 "마누라"가, "회사"가 들어주지 않는 자신의 이야기를 여성 종사자들이 들어주고 호응하고 위문해주기 때문에 스트레스를 풀 수 있다고 항변한다. 그러나 이런 식의 논리는 똑같이 직장에서 스트레스를 받아도 왜 남성들만 유흥업소를 방문하는지, 잘 들어주는 사람이 필요하다면 왜 심리상담가를 찾지 않는지, 반박을 안 하고 들어주는 사람이 왜 자신을 "오빠"라고 불러야 하는지를 설명하지 못한다. 자기 자랑을 반복하는 남성 손님 중 사회적 권력을 갖고 있는 이들도 많다. 사회적으로 대접받지 못하는 사람만 유흥업소에서 허세를 부리지 않는다. 남성 손님들은 자신이 누리는 사회적 지위나 명예와 상관없이 여성 종사자에게 무한 긍정과 인정을 얻고자 하고 자신의 '잘남'을 과시한다.

그 기저에는 업소 밖에서 자신이 인정받지 못하는 데 대한 정서적 위로를 받고 싶은 욕망이 있다기보다는 자신이 여성 종사자보다 우위에 있을 수 있는 권력관계가 돈을 지불해서 얻은 제한적이고 한시적인 것이 아니기를 바라는 욕구가 자리 잡고 있다. 업소 밖에서도 발휘할 수 있는 자신의 힘을 여성 종사자에게 계속 강조함으로써 남성 손님은 즐거운 기분을 유지하고자 한다. 남성은 여성에게 돈을 지불함으로써 한시적으로 자신을 '갑'의 위치에 두었지만 이 관계성은 영원하지 않다. 돈으로 산 이 '갑'의 위치가 불안정하기에 매 순간 남성 손님은 여성 종사자에 비해 강한 자신의 매력, 힘, 위치를 여성 종사자를 통해 확인하고자 한다. 일종의 남성성 과시다.

친구들끼리 와서 테이블만 하는 경우[성매매 없이 접대만 받는 경우]는 서로 누가 여자 잘 꼬시나 과시하려고. (주로 친구들끼리 오면 2차까지 가요?) 2차까지 안 가더라도 번호를 따요. 같이 술 마시러 가자고. 누가 누구 번호를 따서 지난번 노래방 언니들이 얘를 좋아한다, 같이 해장하러 갔다더라, 얘 그렇게 잘 꼬신다, 여자애들 그렇게 좀 누가 몇 명 꼬셨는지 막 세고. (능력?) 응. 그리고 막 차여서 "내가 위로해준다", "여자는 많다"고 [도우미를] 불러주는 경우도 많고. (나윤)

남성 손님의 '흥겨움'

(언니가 손님일 때랑 종사자일 때 이 손님들이 노는 게 비슷해요? 남자나 여자나?) 비슷해요. (어떻게 놀아요?) 그냥 보고 배우는 거 같아, 손님들한테(웃음). 보고 배우는 건가? (어떻게 노는 지?) 네, 하하하하하, 아무래도 풍월을 읊는다고. 처음에 갔을 때는 이렇게 기죽어 있다가, 가면, 가서 없어도 있는 척 하고 그런 거 있잖아요. 손님들도 그런 게 있거든요. 그니까 그런 것들을 배워서 그때도 하고 그런 거 같아요, 술 마시는 게. 술도 똑같이 비슷하게 마시고. (어떻게 마셔요?) 폭탄 주 마시든지 그렇게 마셨던 거 같아요. 좋은 양주 마시거나. (민하)

남성 손님들은 여성 종사자들 앞에서 여성 종사자에게 인기가 많다는 걸 어필하는 등 종사자를 "잘 꼬신다"라고 자랑한다. 이런 자랑을 포함해 "차를 사주네"(재민), "한 달 월급이 어쩌고"(지선)와 같은 허세에는 여성 종사자의 상냥함과 친절함, 긍정적인 반응이 단순히 자신이 지급한 테이블 비용에 대한 대가가 아니기를 바라는 기대가 묻어 있다. 민하는 호스트바에 놀러 가서 돈이 없어도 많은 척을 하거나 주량이 센 척을 하고 비싼 술을 일부러 시키는 등 자신의 힘을 과시하며 권력관계를 확인하는 작업을 손님들한테 보고 배웠다고 이야기한다.

(항상 묻는 거 뭐 있어요?) 이름 물어보고, 어디 사는지, 낮에 뭐 하는지, 그리고 이거 돈 얼마나 버는지 가끔 사람들이 물어보고. 이런 일 많이 해봤냐고 했으면 얼마나 했는지, 실장이 잘해주냐, 이런 것도 물어보고. 돈 얼마 버는지 되게 관심 많거든요, 손님들이(웃음). 실장이 얼마 떼가는지, 자기는 3만 원을 그대로 주는 건데 거기서 얼마 떼어가고 얼마를 아가씨가 가져가는지 되게 궁금해요. 지금은 그냥 "왜? 그거 알아서 뭐 하게" 이렇게 말하고. (지선)

손님들도 이게 되게 웃긴 심리가 뭐냐면 내가 뽑은 이 아가씨가 이게 주업이 아니길 바라요. 내 아가씨는 기왕이면 조금 더 대학생이고, 이런 좀더 구구한 상황 있잖아요. 난 대학생인데 등록금을 벌러 나왔고, 아픈 노모를 먹여 살리기 위해……. 이런 사연이 있는 여자를 좋아해요. 남자들은 보면, **지보다 못해야 해. 그래야지 지가 돈을 주든 뭐 하든 만족감도 느끼고 정복하는 그런 것도 느끼나 봐.** [중략] 약간 불쌍하다고 생각하나 봐. 그리고 일단 불쌍한 게 나아요. 그래야지 만 원 한 장을 더 받지(웃음). [중략] 어떤 심리 같아. 자기보다 젊고 예쁘잖아, 여자들이. 그니까 자기보다 머리라도 덜 똑똑한 게 좋은 거지. **그니까 발밑에 놓고 싶은 거지. 내가 기왕 돈 주고 왔으니 갑과 을을 분명히 하고 싶은 거지, 그렇게라도. 나는 돈도 벌고 똑똑하고 너는 얼굴은 예쁘지만 집은 못살고 학벌은 없는 애, 약간 이런 거**

남성 손님의 '흥겨움'

있잖아. (해수)

  남성 손님들은 여성 종사자의 개인사를 질문하기도 한다. 해수는 남성들이 원하는 여성 종사자의 서사 레퍼토리를 읊는다. 그들은 "구구한 상황"에 처한 "지보다 못"한 여성의 이야기를 듣고 싶어 하고 여성 종사자는 그런 남성 손님의 욕구를 감지하고, 권력관계를 재확인하고자 하는 그들의 시도를 "만 원 한 장을 더 받"을 수 있는 기회로 전유한다. 남성 손님들은 "나는 돈도 벌고 똑똑하고 너는 얼굴은 예쁘지만 집은 못살고 학벌은 없는 애"로 관계를 설정해서 테이블 접대 과정으로 제한된 권력관계의 범위를 유흥업소 바깥까지 확장하려고 시도한다. 여성 종사자의 위치를 확인하려는 남성들의 시도는 유흥업소에서 남성들이 누리고자 하는 즐거움이 '남성성의 과시'에 기반하고 있음을 암시한다. 여자가 알아서 나에게 먼저 치대고, 접촉하고, 다정하게 구는 데이트 놀이도, 자신이 여성 종사자보다 우위에 있음을 증명하고자 하는 시도도 모두 힘있는 남자의 모습을 뽐내고 그런 남자로서 즐겁고자 하는 욕구에 가깝다. 돈을 지불해 구축된 한시적인 종속성의 취약함을 남성 손님들도 안다. 접대 과정에서 남성 손님들은 여성 종사자를 함부로 침범하고 침해하지만, 돈을 지불했을 때만 이런 식의 즐거움을 유지할 수 있다. 남성 손님의 즐거움을 유지해주기 위해 여성 종사자들은 각종 자랑, 허세,

응석을 골고루 포함한 남성성의 과시전戰에 적극적으로 호응해야 한다. 그래야 남성은 흥겹고, 신이 난다.

시중받는 '갑'되기

제한된 시공간 속에서 남성 손님들은 관계 맺기의 수고와 관계에서 지켜야 할 인간 사이의 예의범절, 자신의 '유흥'을 만드는 데 필요한 제반 노동을 모두 여성 종사자에게 전가한다. 모든 관계 맺기의 수고를 여성 종사자에게 일임하고 자신들은 시중을 받는 '갑', '왕'이 되는 기분을 만끽한다. 지선은 인터뷰 과정에서 남성 손님들이 얼마나 예의가 없는지, 여성 종사자를 인간으로 존중하지 않는지 조목조목 이야기했다. 일례로 남성 손님들은 여성 종사자 앞에서 트림을 하고 침이 튀어도 전혀 미안해하지 않는다. 인간 사이의 예의범절은 여성 종사자만의 몫일 뿐 남성 손님은 신경 쓰지 않는다. 나윤 역시 남성 손님들이 바로 옆에 있는 여성 종사자를 전혀 신경 쓰지 않고 없는 사람처럼 취급하는 행태를 겪었다고 토로했다. 남성 손님들은 여성 종사자를 무시하지만, 여성 종사자는 남성이 말하지 않는 부분까지 신경 쓰고, 돌봐야 한다. 그 시중받는 '갑'의 위치를 남성 손님들은 만끽한다.

(아주 멀티플레이어네.) 짜증나는 거지. 지금 술이 있는지 없는지 확인해야 되지, 담배를 물려면 라이터가 있는지 없는지 확인해줘야지, 얼음이 있는지 없는지 확인해야 되지. 굳이 안 해도 되긴 하는데요. 하는 거죠, 그냥. (약간 돌보미 같은.) (웃음.) 그렇죠. (애기 돌보미 같아.) 응, 그니까 담배도 불붙여줘야 되고 얼음도 채워줘야 되고, 술 먹으면 안주도 입에 넣어줘야 되고(웃음). 노래 부르려 그러면 마이크 줘야 되고 탬버린도 쳐줘야 돼, 노래 모르면 따라 불러줘야 해. 술 엄청 취해서 내 옷이 여기 있는지, 저기 있는지 모르면 옷 입혀서 택시 태워줘야지. 어, 지금 이렇게 얘기하니까 나 되게 힘든 일을 하고 있구나(웃음). (거의 이건 온 신경을 곤두세워서.) 그니까 이제 언니들이 빠르게 피곤해지는 거지. (해수)

(대화의 물꼬를 어떻게 터? 처음 보잖아.) 그니까 그게 제일 어색한데, 나는 지금도 어색한데 그냥 뻔한 얘기해요. "술 많이 먹었어? 뭐 드셨어요?" "소주." "안주는?" "삼겹살." "어디서? 어, 그래, 삼겹살 좋아하는구나. 아, 맞다. 나도 며칠 전에 뭐 먹었는데" 이러면서 그냥 자연-스럽게. (질문을 하고 말을 하는 방식을 익힌 거예요?) 나도 모르게 이제 밴 거지, 이제 몸에서. (해수)

어떻게든 시간을 보내야 되니까 거의 호구조사하고 착한

사람이면 호구조사하다보면 시간이 빨리 가요. (호구조사를 누가 하는 거야?) 제가 하죠(웃음). "어? 오빠, 누나 있어? 어, 막둥이 같다-. 막둥이일 줄 알았어" 뭐 이런 얘기. 그런 얘기를 많이 하다가 대화가 끊기면, "오빠, 짠-. 노래 하나 할까?" (도연)

남성 손님의 시중받는 즐거움은 비물질적인 감정노동만으로 완성되지 않는다. 여성 종사자의 아주 구체적이고 세부적인 육체노동을 통해 '갑'의 흥이 완성된다. 사회학자 김경희는 사람을 대하는 서비스노동에 대한 연구들이 지금까지 주로 비물질적인 감정의 영역을 다뤄왔지만, 실제로 서비스 상품이라는 결과물은 "물질적 성격의 노동"을 고려해야 한다고 지적한다.[10] 마찬가지로, 테이블을 정리하고 남성 손님이 섬세하게 보살펴지고 있다는 감각을 제공하는 여성 종사자의 육체노동은 남성 손님의 흥을 만들고 유지하기 위한 필수적인 노동이다. 남성 손님들은 담배를 피울 때 불을 직접 붙이지 않고, 술잔에 스스로 술을 따르지 않는다. 옷을 찾아 입을 필요도, 안주를 스스로 입에 넣을 필요도 없다. 남성 손님들은 관계를 맺기 위한 어떤 시도도 할 이유가 없다. 여성 종사자가 그 관계를 만들기 위해 움직일 것이기 때문이다. 여성들이 날 때부터 대화를 시작하고 유지하는 데 탁월한 능력을 지닌 것은 아니지만, 유흥산업에서는 여성들이 '자연스럽게' 이런 기술을 익히고 능숙하게 발휘할 것이라 믿는다.

하지만 여성 종사자는 관계 맺기와 감정노동에 능숙해서 그 일을 도맡는 것이 아니다. 접대 과정에서 자신에게 일임된 관계 맺기와 감정적인 수행을 거부할 수 없기 때문에 (거부하는 순간 돈을 받을 수 없으므로) 여성 종사자로 일을 하며 훈육된 것일 뿐이다.

(왜 아가씨한테 대우받고 싶어 할까? 우리가 무슨 친구도 아니고.) 돈을 줘도 자기한테 그렇게 해줄 사람이 없는 거죠. **친구 사이에 돈을 주고 "야, 너 내 시중-" [이렇게 하는 건] 말이 안 되는 거죠. 근데 그렇게 할 수 있는 유일한 게 유흥업소라고 생각해요.** 남을 좀 자기 아래로 볼 수 있고. (방금 시중이라고 표현했거든요. 시중드는 거라고 생각해요?) 그렇죠, 감정 시중. (어떤 일들?) 그냥…… 말 그대로예요, 그냥. 얘기 궁금하지 않은데 손님 얘기에 반응해줘야 되고, 리액션해줘야 되고, 얘 술잔에서 물이 얼음이랑 이렇게 온도가 달라지면 물도 생기면 이런 것도 닦아줘야 되고, 재떨이도 갈아줘야 되고. (재민)

(비위 맞춰주는 게 첫째구나.) 응, 혼자 새침하게 앉아서 콧대 세워놓고 앉아 있으면 그건 안 맞는 거니까. 서비스업이라는 게 모든 게 다 포함이 돼 있는 거잖아요. **거기서 좀더 구체적인 거는 서비스업을 하되 약간 깔고 들어가야죠.** "아, 예, 오빠.

아, 예, 그러셨어요" [하면서] 얘기 다 맞춰주고. 싸가지 없이 내 성격대로 해서 말대꾸하고, 중간에 이렇게 남자 둘이 얘기하고 있는데 끼어들고 그렇게 하는 걸 싫어하는 분들이 많아요. 그리고 항상 기분이 바뀌시는 분들도 많아요. [손님이] 기분이 좋았다가 약간 기분이 나빠졌는데 나는 약간 기분이 좋아서 "막 이랬어" 그러면 "야, 너 조용히 해" 막 이렇게 하시는 분들 있고. (그럼 조용히 해야 되는 거지.) 응, 그럼 조용히 이러고 [쌜쭉하게] 가만히 있고. "저 다시 말해도 돼요?" [귀엽게] 그러고(웃음). (보령)

남성들은 유흥업소에서 즐겁기 위해 필요한 각종 노동을 여성에게 아웃소싱[11]한다. 재민은 이런 방식의 아웃소싱이 아랫사람이 시중드는 일과 다르지 않다고 해석한다. 여성 종사자는 손님을 "왕"으로 만들거나(해수) "주인"으로 만들기 위해 "노예"가 되어(재민) "여러 가지 원하는 걸 채워주는 사람"(민하)의 역할을 요구받는다. 테이블 접대 과정에서 기대되는 여성 종사자의 수행은 남성 손님과 그에 종속된 여성 종사자라는 갑을 관계를 명확히 하기 위한 노동이다. 남성은 갑으로서 여성 종사자들의 경계를 넘거나 뭉갠다. 이 선 넘기, 선 뭉개기, 여성이 세운 경계를 마음대로 쥐락펴락할 수 있다는 '착각'을 이유로 손님들은 테이블비와 높은 주대를 지불한다. 그리고 그 착각을 실현하는 접대 과정이 남성의 흥겨움을 구성한다.

아웃소싱은 '효과는 보되 책임은 지지 않는' 여타 사회현상을 지적할 때 사용되어왔다. 위계가 뚜렷한 1 대 1 파트너 관계에서 남성 손님은 자신의 흥겨움을 형성하고 유지하기 위한 모든 수고를 여성 종사자에게 아웃소싱한다. 남성 손님은 여성 종사자와 친밀감을 쌓고 서로의 경계를 넘기 위해 필요한 눈치 보기 및 조심스러움을 일체 수행하지 않아도 된다. 보령의 표현처럼 여성 종사자가 파트너 남성 손님의 밑으로 "깔고 들어가"는 태도, 남성 손님의 기분을 맞추지 못했을 때 거리낌 없이 들어오는 무시와 무례한 태도에도 여성 종사자는 불쾌함을 표현하지 못한다. 여성 종사자는 남성 손님의 즐거움을 해치지 않는 선에서만 움직인다.

접대 과정에서 여성 종사자는 그저 물화된 교환물이나 성애의 대상으로만 존재하지 않는다. 이들은 남성 손님이 원하는 감정을 포착해서 위로하고 호응하는 등 그 감정에 맞춤형으로 반응해야 한다. '갑'으로서 남성들은 여성 종사자에게 '갑'의 감정을 돌보고 위로하고 살피는 관계 만들기의 노동 전반을 아웃소싱한다. 동의가 필요 없는 스킨십을 해도 되고, 행동거지 하나하나에 '우쭈쭈'를 해주며, 필요한 행위를 알아서 해주는 '심부름꾼'이자, 연애하듯 '다정함'을 선사하는 유흥종사자와 그것을 제공받는 남성 손님의 관계에서 친밀감 형성을 위한 노력은 여성 종사자만의 책임이다.

유흥종사자의
아가씨노동

아가씨노동

'아가씨'는 누구인가

왜 유흥업소 여성 종사자는 '아가씨'일까? 유흥업소에는 20~30대 여성들만 일하지 않는다. 노래방 도우미로 일하는 여성 중에는 40~50대 여성들도 많고 사실 남성들은 유흥업소 종사자의 나이를 잘 모른다. 그럼에도 여성들은 나이를 불문하고 '아가씨'로 불린다. 접객원, 접대부라는 용어는 입말로 거의 쓰이지 않는다. 한편, 여성 노동자들은 일터에서 여성이 '아가씨'라 불리는 상황을 문제 제기해왔다. 2017년 국립국어원에서 진행한 〈사회적 소통을 위한 언어실태조사〉에서는 직장 동료들이 '아가씨'라는 호칭을 쓸 때 불쾌할 것이라는 답변이 84.5퍼센트에 육박했다. 대체 '아가씨'는 누구길래 직장에서 '아가씨'라고 불리면 불쾌하고, 동시에 유흥업소에서는 모든 여성 종사자를 '아가씨'라고 통칭할까? 이 질문에 답하는 과정은 유흥업소에서 여성 종사자가 어떤 위치에 놓여 있는지, 어떻게 행동하기를 기대받는지 엿볼 수 있는 과정이기도 하다.

중립적으로 들리는 '아저씨'와 달리 '아줌마'라는 말에 묻어 있는 짙은 여성혐오처럼 '아가씨' 역시 젊은 여성을 성애화하고 낮춰보며 멸시적으로 대해온 한국 사회의 여성혐오가 깃든 용어다.[1] 나이가 성별 불평등과 어떻게 관계를 맺고 있는지를 연구한 전희경은 한국 사회가 "'나이'를 성별화된 위계에 따라 배열하고 여성과 남성의 나이 듦을 특정한 방식으로 각본화"한다고 설명한다.[2] 이 설명으로 '아가씨'를 해석해보자면, 한국 사회에서 '아가씨'는 어리고 미성숙한, 그러나 '여학생' '딸' '숙녀'가 아닌 가족제도 바깥으로 일탈한 성적 존재인 '여성'을 지칭할 때 사용된다. "보호받거나 미성숙한 존재"[3]인 '아가씨'는 가족제도의 성적 통제 영역 밖에서 누구에게든 성적 희롱과 침범을 받을 만한 '을'로 재현된다.

'아가씨' 이전에는 '직업 여성'이라는 용어가 있었다. '직업 여성'은 단순하게는 직업을 가진 여성을 의미하는 조어일 뿐이지만 성매매 여성을 지칭하는 단어로 널리 사용되었다. 여성의 자리가 가정 안으로 한정되어 마땅하다는 가부장적 사회에서 가정 바깥 생활을 하는 '직업 여성'은 '문란한 여성'

과 같다. 직업 여성은 여성에게 마련된 '정상'적 자리인 가정을 벗어난, 가정의 통제 바깥에 있는 여성으로 언제든 성매매를 할 수 있는 여성, 성적 침범을 겪어도 이상하지 않은 여성으로 여겨졌다. 이는 한국 사회가 나이에 따라 '여성'을 다르게 호명하고 의미를 부착하는 "젠더-나이체제"[4]에서 정상성밖에 위치한 '어린' 여성을 성적 대상으로 범주화해온 역사이기도 하다. 그리고 가정 바깥의 직장에서 일하는 여성들이 다수인 지금, '직업 여성'이라는 용어는 '아가씨'로 대체되었다.

유흥산업은 여성 종사자를 '아가씨'로 호명함으로써 남성 손님과의 관계에서 여성 종사자의 낮은 위치를 정당화한다. 이렇게 어리고 미성숙한 '아가씨'이기에 남성 손님은 언제나 아가씨보다 위에서, 아가씨를 통제할 권한을 가졌다고 생각하고 행동할 수 있다. 남성 손님이 기대하는 특정한 연령대의 특정한 신체적 이미지를 체현한 여성은 '아가씨'이지 '여성노동자'이거나 '아줌마', 혹은 그냥 '여성'이 아니다. 여성학 연구자 김주희에 따르면 성구매자들은 '성노동자'의 노동 혹은 섹슈얼리티와 화폐를 교환하는 것이 아니라 "특정한 성적 이미지가 부여된 여성의 노동 혹은 이미 낙인화된 섹슈얼리티의 상품성"을 구매한다.[5] 여기에서 말하는 "특정한 성적 이미지가 부여된 여성", "낙인화된 섹슈얼리티"는 곧 성판매 여성(혹은 매춘부)이다. 유흥업소에서도 이 공식이 적용된다. 남성 손님들은 여성 노동자가 아니라 '아가씨'에게 돈을 지불하는 것이며 여성 종사자가 접대 과정에서 수행해야 하는 각종 노동은 '아가씨' 위치에서만 화폐와 교환할 만한 상품이 된다.

아가씨노동

제2장에서 살펴봤듯이 남성들의 '흥겨움'은 저절로 만들어지는 결과물이 아니다. 남성 손님이 데이트 놀이를 하고 자기 자랑과 허세를 뿜어내고 시중을 받고자 할 때 여성 종사자는 이에 맞춰 움직인다. 지금까지 여성 노동에 대한 논의의 핵심에는 기존의 노동 담론이 공적 영역에서의 생산에 기반한 남성 노동자의 임금노동을 중심으로 진행되면서 여성 노동을 평가절하해왔다는 문제 제기가 있었다. 즉, 기존의 노동 담론은 여성 노동자가 해온 '사적 영역'에서의 노동을 은폐하고 여성의 노동을 자연화해왔다는 것이다.[6] 기존 마르크스주의적 노동 분석에 재생산 및 사적 영역에 대한 논의가 결여되어 있다는 문제의식을 전제로 여성주의자들은 자연스럽게 여성이라면 누구나 할 수 있다고 여겨져온 '여성의 일'에 '노동'이라는 이름을 부착해왔다. 가사노동, 돌봄노동, 재생산노동, 감정노동, 친밀성노동, 심미노동은 기존의 노동 개념을 비판적으로 재해석하면서 등장한 대표적인 여성 노동의 이론적 틀이다.[7]

3장. 유흥종사자의 아가씨노동

유흥업소 여성 종사자의 노동은 1 대 1 남성 손님과의 파트너 관계를 중심으로 하며 물질적·비물질적 수행이 복합적으로 요구된다. 앨리 러셀 혹실드Arlie Russell Hochschild가 《감정 노동》에서 제안한 감정노동 개념은 육체노동에 비해 저평가되고 비가시화된 서비스 산업에서의 감정적 표현과 수행을 분석하는 데 유용하다. 파트너 관계에서 남성 손님의 감정에 맞춰 자신의 감정을 조절하고, 타인의 감정을 만들어내는 수행을 '일'로서 요구받으며, 유흥업소 업주와 남성 손님이 여성 종사자의 감정적 활동에 상당한 통제권을 갖는다는 점에서 여성 종사자는 감정노동자이기도 하다. 그러나 고용주의 적극적 관리와 매뉴얼에 따른 감정노동의 수행을 전제로 한 혹실드의 감정노동 개념만으로는 여성 종사자가 불특정 다수의 남성 손님들에게 요구받는 각종 정서적 수행을 설명하기 어렵다.

감정노동과 달리 친밀성노동intimate labor[8]은 특정한 매뉴얼 없이 매 순간 나를 선택한 파트너 관계의 남성 손님의 욕구와 기대를 눈치껏 파악해야 하고 파트너 남성뿐 아니라 룸 안의 전체 분위기까지 인지해야 하는 여성 종사자의 수행을 설명하는 데 유용하다. 친밀성노동의 핵심은 세심하게 타인이나 주변을 감지하고 신경 쓰는 행위attentiveness이며 타인의 삶의 질을 향상하기 위해 특정한 물질이나 대상을 섬세하게 관리하는 행위도 친밀성노동에 해당한다. 친밀성노동 개념은 여성 종사자가 파트너 관계 속에서, 그리고 전체 룸 안의 관계망 속에서 자신의 역할을 파악하고 정서적 친밀감을 생성하는 행위일 뿐 아니라 물질적인 '시중들기'를 수행하는 행위 역시 '노동'으로 의미화할 수 있는 틀거리를 제공한다.

한편 유흥업소 여성 종사자는 타인의 감정과 자신의 감정을 만들어내고 남성 손님을 시중드는 행위를 하기 위해 기본적으로 자신의 신체가 특정한 여성의 이미지를 체현하도록 끊임없이 신체를 변형해야 한다.[9] 심미노동aesthetic labor은 이렇게 기업이 노동자의 신체를 자원으로 활용해 일의 일환으로 자신의 몸을 조율하고 관리하는 방식을 지적하는 개념으로[10] 여성 종사자의 화장과 머리 스타일, 옷차림부터 다이어트, 성형수술 및 시술을 통한 신체 변형을 분석할 때 요긴하게 쓰이기도 한다.

나는 감정노동, 친밀성노동, 심미노동 등 여성 종사자가 수행하는, 여성이기에 요구받는 성별화된 노동을 분석하기 위해 유흥업소 여성 종사자가 수행하는 일 전반을 '아가씨노동'이라고 정의했다. 감정노동 개념으로는 매뉴얼화되지 않고 물질적인 여성 종사자의 수행을 분석하기 어렵다. 친밀성노동은 물질적인 수행과 매 순간 변화하는 상대의 기대에 따라 달라지는 여성 종사자의 수행을 분석하는 데 적절하지만, 여성 종사자와 파트너 관계에 있는 남성 손님이 왜 특정한 나이대와 특정한 신체 이미지를 전제로 했을 때만 즐거울 수 있는지를 설명하기엔 역부족이다. 아가씨노동이라는 개념은 남성 손님의 기대에 따라 각종 물질적·비물질적 노동을 수행해야 하기 때문에 여성 종사자가 수행해야 하는 노동의 내용이 매우 포괄적이고 유동적이지만, 동시에 이를 수행하기 위한 유일한 조건이 '아가씨되기'라는 점을 가시화하기에 유의미하다.

성매매를 분석할 때 여성이 수행하는 일을 '노동'으로 부르는 것은 여러 논쟁점을 빚어낸다. 이는 노동work과 임금노동labor을 구별하기 어려운 한국어의 특수성 때문이기도 하고 성노동sex work 개념이 성매매를 해석하는 특정한 조류와 연결된 채 한국으로 수입됐기 때문이기도 하다. 지금까지 한국에서는 성매매산업에 종사하는 여성의 주체적인 행위성을 강조하거나, 성매매는 합법적인 다른 노동과 차이가 없으니 성매매를 합법화하고 사회에서 공식적으로 인정하자는 주장을 할 때 성노동이라는 언어를 사용하곤 했다. 이러한 움직임에 대응해 성매매는 불평등한 성별 권력관계가 구매자와 판매자 사이의 관계를 결정하는 성차별적인 속성을 전제로 했을 때만 가능한 사회적 현상이며, 성매매 합법화는 성매매 과정에서 발생하는 폭력과 착취, 성매매의 차별적인 속성을 방치하고, 사회적으로 묵인·조장하는 결과를 초래한다는 입장을 가진 이들은 성노동이라는 용어 사용을 최소화하는 전략을 택했다. 나 역시 성매매의 속성 자체가 차별적이라고 생각하고,

성매매 합법화에 반대하지만, 여성 종사자가 남성의 흥겨움을 주조하기 위해 수행하는 일을 해석하는 이 글에서는 노동이라는 단어를 적극적으로 사용할 것이다.

그 이유는 다음과 같다. 노동work이 임금노동labor이 될 때, 노동하는 사람들은 결코 자유로울 수 없다. 오히려 자본주의 사회의 모든 임금노동은 생존을 위해 개개인에게 강제되는 압박이자 폭력이다. 성노동, 군사노동, 이주노동을 이와 같은 자본주의 사회 내 임금노동의 폭력성이 압축되어 있는 "죽음정치적 노동"이라고 설명한 이진경은 임금노동을 사회적 규율의 힘에 의해 훼손되고 특정한 방향으로 훈육될 것을 강요받은 트라우마적 노동으로 설명한다.[11] 사회에서 옳다고 생각하는 삶의 방식을 따르지 않으면 임금노동자가 될 수 없다. 나를 자본에 판매하기 위해 스스로를 상품화해야 하는 노동자되기의 과정은 개개인의 고유한 특성을 깔아뭉개고 임금노동자라면 익혀야 할 규범을 우선순위로 배치한다. 나는 임금노동에 대한 이진경의 분석에 동의하며, 전 생애의 상품화라 해도 무리가 없을 정도로 삶의 전 영역이 시장경제로 포섭되는 현실, 인간이 스스로를 상품화해 '노동력'을 판매하지 않으면 일상을 꾸릴 수 없는 사회에 대한 문제의식을 바탕으로 '노동' 개념을 사용할 것이다.

유흥종사자의 아가씨노동

전체를 파악하는 아가씨되기

손님들한테 뒷말 나오는, "얘 싸가지 없다". "얘 올라가서 뭐 애프터[성매매] 잘 못해" 이런 게 아니라 "얘 싸가지 없고 얘 별로야" 하면 잘라요. 일을 못하는 건 "얘가 출근한 지 얼마 안 됐어요" 그렇게 커버를 칠 수 있는데, 인성이 싸가지 없 어버리면 그건 커버칠 게 없거든요. 가게 이미지 나빠지니 까. (해수)

남성 손님의 흥겨움을 유지하기 위해 여성 종사자는 "싸 가지" 있고 센스 있는 여성을 연기한다. 이때 '센스'란 그저 상 냥하고 친절하게 남성 손님을 보살피는 일뿐만 아니라 남성 손님이 여성 종사자에게 무엇을 기대하는지 눈치껏 알아차리고 맞춰가는 모든 기술을 설명하는 표현이다. 보령은 "완벽한 접대"의 기준을 "웃으면서" 마무리하는 것이라 정의한다. 나윤은 "잡음 없이 모든 게 끝나 있는" 것이라 말하기도 했다. 이들은 모두 할당된 시간의 끝까지 어떤 문제도 방에서 일어나서는 안 된다는 점을 강조했는데, 이 완벽한 접대란 자신의 담당 남성 손님과 '좋은 마무리'를 하는 데 그치지 않는다. 방 안의 전체 분위기를 읽으며 그 안에서 나를 초이스한 남성의 위치를 파악하고, 이 공간을 방문한 남성 손님'들'이 원하는 분위기가 무엇인지를 포착해야 한다. 그럴 때 잡음 없는 접대가 가능하다. 누구도 남성 손님들 공통의 기대를 명확히 알려주지 않으므로, 이를 포착하려면 여성 종사자의 '눈치'와 '센스'가 필요하다.

> (접대를 한마디로 정리한다면?) [긴 침묵] 잡음 없이 모든 게 끝나 있는 거? 잡음을 일으키지 않는 거? 눈치껏 알아서 약간 파악해서 술 떨어졌다 싶으면 술 달라고 하고. 이제 뭐 휴지 없다 싶음 가져오고. 노래 부르고 싶어 하면 마이크 갖다주고, 노래 찍고. 어색하다 싶으면 "내가 노래 부를까" 분위기 띄우고 그런 거. (나윤)

룸 안의 모든 남성 손님이 웃으며 시간을 보낼 수 있도록 여성 종사자는 "센스와 눈치"를 "진짜 100프로 풀가동해야"(정수) 한다. 남성 손님(개인)과 남성 손님'들'(집단)의 기대를 동시에 파악하지 않으면 분위기, 즉 흥을 깨는 결과를 초래해 여성 종사자는 방에서 쫓겨날 수 있다. 그럴 경우 테이블비를 받을 수 없으므로 분위기를 읽는 눈치와 센스는 여성 종사자의 수입과 직결되는, 여성 종사자가 수행해야 하는 노동의 중요한 요소다.

> 그중에서 돈 낼 사람도 빨리 파악해야 하고. (그거 파악하면 뭐 해요?) 이제 그 사람 우쭈쭈해야지. 우쭈쭈가 막 이런 우쭈쭈가 아니라 그 사람이 원하는 게 뭔지 빨리 파악을 하고 그대로 가야지. 이 사람이 빨리 돈만 내고서 빨리 술자리 파하고 가고 싶어 하는 사람인지 아니면 뭔지. (정수)

> 손님들도 누가 상석이고 누가 부하고. 아니면 여기가 그래서 지금 누구 기분 맞추려고 이 사람들이 여기 와 있는지. 이 사람들이 상사인지 친구인지. 아니면 얘네들이 자기끼리 놀고 싶어 하는지. 아가씨랑 놀고 싶어 하는지. 얘네가 술을 마시러 온 건지, 아니면 노래를 부르러 온 건지, 만지러 온 건지, 그런 것들? (나윤)

정수는 여성 종사자가 파트너인 남성 손님을 어떻게 돌

볼 것인지를 가늠할 때 자신의 담당 손님과 다른 손님들의 관계성과 방의 분위기를 두루 고려해야 한다고 설명한다. 여성들은 내가 돌봐야 할 남성 손님 한 명의 기대가 아니라 돈을 지불할 사람의 욕구를 동시에 고려하고 전체적인 관계 속에서 움직여야 한다. 이렇게 전체 판을 읽어야 한다는 이야기는 인터뷰 참여자들에게 공통적으로 들을 수 있었다.

> 그것도 눈치야. 뭐라 표현할 수 없는 그 눈치가 있어요. 뭐라 표현할 수 없어. (눈치 보는 거 스트레스 안 받아요?) 이게 습관이 돼가지고(웃음). 옛날에는 내 파트너 봤거든. 옆에 있는 내 파트너 봤는데, **일을 좀 하게 되면서 크게 봐요.** 얘[다른 여성 종사자]가 일을 좀, 손님이랑 좀 분위기 안 좋은 거 같으면 "오빠 짠 해" 이러면서 분위기 풀고, 둘이 싸우는 거 같으면 중재도 해주고. 이 손님이 이 아가씨한테 진상 부리려고 하면 "장난하냐? 술 마셔" 이러면서 풀어주고. (전체 상황을 파악하는구나. 그런 여성들이 있어요?) **다 그래요. 그걸 어느 정도 일을 했다 치면 다 그렇게 봐요.** (해수)

> 그 터치가, 누가 봐도 약간 막내고 언니들이 엄청 방어해줘서 그렇게는 없었는데, 다른 사무실이랑 섞여 들어가지도 않았고.* 그때는 예를 들면 손님이 만지려고 하면 언니들이 "우리 신나게 하자. 여기 분위기 왜 이렇게 처지냐" 그러면

서 언니들이 빅뱅 노래 막 부르면서 "아, 나가 나가" 그러면서 팔짱 끼고 앞으로 막 나가고 누구 하나가 앉아서 조용히 얘기하자고 하면 "어딜 빠지냐"면서 뒤에 길 막고(웃음), 알려주고, 그 눈치껏 손님들이 만지려고 할 때 그냥 앞으로 나오게 하는 거? 그거 저도 따라했었고 손님들이 막 만지려고 할 때 구체적으로 이렇게, 이렇게 알려주기보다 제가 이렇게 나서서 하면 걔가 주의 깊게 보고 따라하죠. (나윤)

"일을 좀 하게 되면서 크게" 보게 된 해수는 남성 집단의 분위기를 살펴서 그들이 집단적으로 매끄럽게 관계를 맺도록 하는, 즉 기름칠하는 역할을 여성 종사자에게 요구하는 유흥업소 접대의 과정을 묘사한다. "분위기 풀고", "중재도 해주고" 손님들과의 관계를 굴러가게 할 뿐 아니라 손님이 다른 여성 종사자를 괴롭히려고 하면 적당히 피할 수 있는 공간을 만들어주기도 한다. 나윤은 같이 일했던 여성들보다 상대적으로 어린 나이였을 때 같이 일했던 다른 여성들이 나윤을 보호하고자 구사했던 방식을 기억하고("눈치껏 손님들이 만지려고 할 때 그냥 앞으로 나오게 하는") 이를 같은 방의 다른 여성 종사자를 보호하기 위해 사용한다. 남성들 사이의 관계, 다른 남성과 다른 여성 종사자의 상황, 내가 담당하는 남성과 나의

---

*   한 룸에서 서로 다른 보도방에서 온 여성들이 섞여서 일하기도 한다.

유흥종사자의 아가씨노동

상황, 담당 남성과 다른 남성들의 관계, 나와 다른 여성 종사자의 관계 등 방이 매끄럽게 운영되고 좋게 마무리되기 위해 여성 종사자가 눈치로 읽어내야 하는 관계는 다양하다.

> 언니들 이렇게 봐서 이 언니들이 스킨십 어디까지 받아주는 언니들인지. 그래서 좀 보고 나이 많은 언니들이랑 있으면 그 언니들 하는 대로 하는데, 거의 그때는 그런 일이 별로 없긴 했는데 다른 사무실이랑 섞이거나 그러면 좀 분위기 살피는 거. 처음에 자세 어떻게 할지, 과일을 누가 이렇게 앞접시를 옮길 건지, 그리고 뭐 술 더 달라고 할 때 누가 나갈지, 그리고 번호키 누를 때* 그것도 막내가 하고. (나윤)

> 거의 눈치인 거 같아요. (누구 눈치?) 전부 다요. 그 언니들도 다 경쟁자고 모든 사람의 눈치를 보는 거 같아요. 보게 되는 거 같아요. [중략] 낮에 일해도 내가 사장이 아니면 어쨌든 남의 눈치를 봐야 하는 거고 같이 일하는 동료들 눈치도 봐야 하는 거고, 밤에 일해도 손님 눈치를 보는 게 아니고 같이 일하는 사람들 눈치를 보게 되는 거 같아요. (재민)

여성 종사자들은 서로를 보호하기 위해 분위기를 읽기도

---

* 룸 안의 노래방 기계 번호키.

하고, 서로 어디까지 성적 침범을 받아줘야 하는지, 어디서부터 거절해도 괜찮을지, 자신의 행동이 방 안에서 너무 튀지 않는 범위는 어디까지인지를 두루 살핀다. 여성 종사자 '집단'에게 할당된 일, 예를 들어 "누가 이렇게 앞접시를 옮길 건지", "술 더 달라고 할 때 누가 나갈지", "번호키 누를 때" 누가 할지를 결정하기 위해 여성 종사자 사이에서의 위계도 눈치껏 파악해야 한다. 그 과정에서 재민은 방을 나가서도 본인에게 영향을 미치는 다른 여성 종사자들과의 관계를 고려해야 하는 어려움을 토로한다. 어디까지 성적·신체적 침범을 '허용'해야 하는지, 전체 분위기상 각각의 여성 종사자가 어떤 역할을 해야 하는지, 성매매가 약속된 방이라면 '1차'를 적절한 타이밍에 끊어야 하는데 그 '적절한 타이밍'이 언제인지를 계속 생각해야 하는 이러한 상황은 언제나 유동적이다. 어떤 것도 정해지지 않은 접대 과정에서 여성 종사자는 남성 손님뿐 아니라 다른 여성 종사자들과도 끊임없이 상호 소통하고 의견을 나눠야 한다. 그러나 이는 손님이 모르게 비언어화된 제스처와 눈짓으로만 가능하고, "상무나 전무는 무시하면 그만"이지만 다른 여성 종사자들은 일하면서 직접적인 영향을 주기 때문에 무시하기 어렵다. 이런 맥락에서 정수는 다른 일과 접대 일의 차이로 눈치와 수입의 연결성을 거론했다면 재민은 '낮일'이든 '밤일'이든 남의 눈치를 봐야 하는 일은 동일하다고 설명한다.

눈치와 센스, 주변 관계를 두루 파악하고 신경 쓰는 일은 유흥업소 밖에서도 여성들의 몫으로 할당된 노동이다. 눈치와 센스는 여성 노동 전반에서 요구된다. "젠더는 세상을 돌아가게 만든다"라는 신시아 인로Cynthia Enloe[12]의 통찰처럼 여성들은 부드럽고 상냥한 여성성 수행을 통해 가족부터 기업, 국제정치까지 여성이 속한 모든 조직이 매끄럽게 운영되도록 한다. 여성의 눈치는 갈등을 비공식적으로 해결·해소하는 조직의 전략으로 활용되어왔다. 어떤 조직이든 여성이 수행하는 다면적인 관계에서의 눈치와 돌봄을 윤활유 삼아 돌아가고 있지만, 여성의 이와 같은 노동은 비공식적인 영역으로 여겨져 인정받지 못하며, 여성이기에 그러한 눈치와 돌봄의 수행을 자연스럽고 당연하게 잘한다고 생각한다. 남성에게는 의사소통을 비롯한 관계 맺기가 딱히 중요하지 않은 능력이거나, 타자인 여성에게 맡겨 마땅한 종류의 일이다. 유흥업소 여성 종사자에게 요구되는 눈치와 센스, 이를 '제대로' 수행하지 못할 경우 분위기를 망친 주범으로 비난받고 결국 어떤 수입도 없이 방에서 쫓겨나는 상황은 이와 같은 여성 역할의 연결선상에 놓여 있다.

파트너를 보좌하는 아가씨되기

'친밀성노동' 개념을 제안한 보리스Eileen Boris와 파레냐
스Rhacel Salazar Parreñas는 감정적인 친밀감뿐 아니라 밀도 있
고 아주 가까운 물리적 접촉면을 포함하는 긴밀한 노동, 개인
의 사적인 영역까지 침투해 들어오는 노동을 '친밀성노동'으
로 명명한다.[13] 친밀성노동의 핵심은 세심하게 타인이나 주변
을 감지하고 신경 쓰는 행위이며 타인의 삶의 질을 향상하기
위해 특정한 물질이나 대상을 섬세하게 관리하는 행위(병원에
서 환자의 안전을 확인하기 위해 기구를 조율하고 물의 온도를 조절하
는 일 등)를 포함한다. 남성 손님 집단의 '흥'이 나는 분위기를
유지하기 위해 여성 종사자가 수행하는 일은 남성 손님의 주
변까지 감지하며 물질이나 대상을 섬세하게 관리하는 물질적
노동을 포함한다.

> 남자 둘이서 사업 얘기하면 "음음-" "으응응-" 이런 것만 하
> 는데. ("음음-" "으응응-" 이게 뭐야?) 듣고는 있는데 말은 안
> 하는 거(웃음). (하지만 내가 듣고 있다는 걸 표현하는 거예요?)
> 네, 그래서 막 "하--" 이런 거 해주고 "흡-" [숨으로 반응하는]
> 이런 거 해주고(웃음). (나윤)

> (그러면 그 시간에 뭐해요? 접대를 한다고 했을 때.) 근데 그건

유흥종사자의 아가씨노동

손님이 어떻게 왔느냐에 따라 좀 다른 거 같아요. 비즈니스 같은 경우에는 마치 내가 경리나 비서쯤 되는 사람처럼 얌전히 술, 얼음 채워주고 음료수 채워주고 술잔 따라놓고 안주 같은 거 해놓고 앞에 보이는 쓰레기 같은 거 치우고 재떨이 드리고 약간 서로 비즈니스 얘기를 너무 하느라고 아가씨한테 치우쳐 있지 않을 땐 옆에서 약간 그런 일을 했어요. 경청할 필요가 없지만 그냥 경청을 계속하면서, 앞에 이 사람이 술 먹을 때 뭔가 부족하지 않게끔? (도연)

비즈니스를 목적으로 유흥업소를 방문한 남성 손님들은 옆에 여성 종사자를 두고 손님들끼리 대화를 한다. 이럴 때도 여성 종사자는 가만히 있으면 안 된다. 경청할 필요가 없는 이야기이지만 그냥 경청하는 모습을 계속 보여주거나, 대화에 개입하지는 않되 방해하지 않을 정도로, 하지만 자신 역시 듣고 있다는 제스처를 보여줘야 한다. 여성 종사자는 자신이 남성 손님에게 집중하고 있으며, 주의를 기울여 남성 손님을 신경 써서 대접하고 있음을 보여주는 행위를 반복해야 한다. 도연은 이를 "경리나 비서쯤 되는 사람처럼" 한다고 표현한다. 술, 얼음, 음료수 채우고 안주와 술잔을 세팅하고 쓰레기를 치우고 담배를 피우고 싶어 하면 재떨이를 주고 담뱃불을 붙여주는 등 "앞에 이 사람이 술 먹을 때 뭔가 부족하지 않게끔" 갖은 움직임을 남성 손님이 알아챌 수 있게 보여줘야 한다.

앉아서 이제 처음에는 그냥 빤해요. 술잔 세팅해주고 "어디 사세요?" 뭐 그런 거 얘기하면서 친해지면서 시간이 가죠. 시간이 가고 평범하게 노는 사람들은 술 먹고 노래 부르고 그냥 가고 진상인 애들은 그냥 엄청 진상 떨고. (잔 같은 거 놔주고?) 네, 잔에 얼음을 넣어주고 음료 넣어주고 과일, 통과일 넣어주면 과일 깎고 뭐 오징어나 포 있음 그거 뜯고(웃음). (해수)

(초이스를 하고 테이블에 앉아서 어떤 행위들을 하는지 구체적으로 말씀해주세요.) 구체적으로? 초이스하고 이렇게 앉아 앉으면 일단 물티슈가 있으니까 물티슈를 이렇게 해서 요 앞에다 깔아주고 잔을 두 개를 얼음을 채워. 그래서 여기다가 한 개는 음료수, 한 개는 술을 해서. 아, 그전에 "오빠 물 드실래요, 음료수 드실래요?" 물어봐서(웃음) 이렇게 하고. 물까지 먹는다고 하면 잔 세 개 올리고. 흐흐. 그래서 또 "오빠 온더락으로 드실래요?" (아, 술 먼저 따르는구나.) "제 이름은 뭐뭐뭐입니다" 이러면서 술을 이렇게 따라주고 "온더락 해드릴까요 그냥 드실래요?" 해갖고 온더락 한다고 하면 또 해서 해주고. 그러면서 "어떻게 오셨어요? 여기는 처음이세요?" 뭐 그런 거 물어보는 거지. (정수)

술도, 아, 이렇게 일본은 좀 다른 게, 만약에 술이 비어 있으면 가끔 자기가 따라 마신다거나 한국 사람들은 그런데, 일본은 절대 그런 게 없거든요. 그래야 마시고. 그게 술 혹시 빌까봐 계속 엄청 신경 써주고. 술잔에 얼음이 있으니까 계속 물이 맺히잖아요. 아가씨들이 행주를 하나씩 갖고 있어요. 행주로 그 물 맺힌 걸 계속 닦아줘요. 그래서 닦아주고 또 닦아주고, 얼음이 계속 녹아서 얼음 모양이 안 예쁘면 그거 다시 버리고 새 얼음으로 갈아주고, 엄청 신경 써주거든요. 얼음통도 수시로 웨이터들이 왔다 갔다 하면서 [바꿔주고]. 얼음이 좀 녹으면 모양이 안 예뻐지니까. 거기다 술을 버리기 때문에 가는 것도 있고. 얼음통도 수시로 갈고 아가씨들 맨날 이거 닦아주고 과일도 안주 다 썰어서 개인 접시에 다 나눠주고, 아가씨들이. 그리고 저희는 안주 절대 먹을 수 없거든요. 그냥 그렇대요. 먹으면 안 된대요. (그게 원칙인 거예요?) 네, 만약에 손님이 먹으라고 하면 그때 먹어도 되고. 그니까 애초에 아가씨들이 접시가 없어서 손님 접시만 있으니까 아가씨들은 당연히 먹을 수가 없죠. (지선)

"과일 깎고 뭐 오징어나 포 있음 그거 뜯고" 하는 일(해수), 물티슈를 까는 것부터 시작해서 남성 손님이 원하는 음료와 술을 세팅하는 일(정수)에 더해 지수는 술잔에 맺힌 물을 닦아준다. 지수가 일했던 일본 주재원 클럽은 여성 종사자가 과일을 깎고 썰어서 남성 손님의 개인 접시에 담아 분배하지만 정작 여성 종사자는 안주를 먹지 못한다. 구체적인 매뉴얼은 없지만 눈치껏 주변 분위기를 봐가면서 남성 손님들이 스스로를 '갑'으로 느끼게끔 만드는 여성 종사자의 이와 같은 수행은 유흥업소에서 의미 있는 노동으로 해석되지 않는다. 인터뷰에 참여한 여성들도 처음에는 접대 과정에서 무슨 일을 하는지를 물었을 때 그들이 테이블을 정비하고 남성 손님들에게 수시로 수행하는 이 반복적인 노동을 설명하지 않았다. 좀 더 구체적으로 테이블에서 하는 일을 묻거나 "잔을 놓고?"처럼 수행의 한 지점을 물었을 때야 여성들은 자신이 무엇을 반복하고 있는지 언급했다. 인터뷰 참여자들이 테이블을 치우고, 닦고, 남성 손님을 먹이고, 재떨이를 준비하는 이 세세한 과정을 선뜻 묘사하지 않은 이유는 무엇일까?

그냥……. 말 그대로예요, 그냥. 얘기 궁금하지 않은데 얘기에 반응해줘야 되고 리액션해줘야 되고 술잔에서 물이 얼음이랑 이렇게 온도가 달라지면 물도 생기면 이런 것도 닦아줘야 되고 재떨이도 갈아줘야 되고. (그거 닦으라고 누가 알려줬어요?) 알려주는 게 아닌데 다들 그렇게 해요. 그럼 따라하게 돼요. 왜냐하면 그거 하면 시간이 잘 가거든요(웃음). (재민)

저는, 반반이에요. 그냥 어, 상대방이, 그니까 같이 들어간 아가씨가 너무 안 하면 제가 하고. (아아, 전체적으로?) 네네. 보고 너무 안 한다 싶다 하면. 너무 어린 동생이 만약에 같이 들어가버리면. 그런 동생들은 잘 못해요. 그런 게 이제 손에 익은 사람들이 먼저 하게 돼 있어서 그거는 그냥 그 아가씨의 성향에 따라서 성격에 따라서 다르지 굳이 이걸 해야 된다, 그런 건 없어요. (적당히 분위기를 봐서 누군가는 해야 되는?) 네, 누군가는 하죠. 거기서 좀더 적극적으로 하는 사람이 있고, 하기 싫어서 피하는 사람이 있고, 너무 안 한다 싶으면 내가 좀 해야 되는구나. 이런 적극적으로 치우는 사람들이, 좀 잘 치우는 사람들은 좀 언니들, 살림을 사는 사람들은 어쩔 수 없어요. 아줌마는 티가 나. 몸에 익어서 눈에 보이면 어쩔 수 없이 치우고 닦고 습관이 돼 있어서 어쩔 수 없이 하고, 살림 사는 언니들이 손에 익다보니까 주워서 버리고, 닦고, 재떨이 갖다 치우고 막 이러더라고요. (규선)

여성 종사자의 연령대가 상대적으로 높은 노래방 보도 사무실에서 주로 일했던 규선은 그곳에서 대체로 나이가 제일 어렸다. 테이블을 치우고 닦고 정리하는 다른 여성 종사자들은 그 일이 "손에 익은 사람들"로 "살림을 사는 사람들"이다. 이들은 "습관"이 되어 "주워서 버리고, 닦고, 재떨이 갖다 치우"는 일을 도맡아 한다. 주변을 정돈하고 정리하고 다른 사람에게 필요한 물건을 알아서 가져다주는 등 타인의 필요를 채워주는 일은 여성에게 할당된 또 다른 당연하고 자연스러운 영역이다. 업소 관리자들은 여성 종사자가 과일을 잘 못 깎거나 테이블 세팅을 깔끔하게 하지 못할 가능성을 염려하지 않는다. 여성 종사자는 '여성'이기 때문에 자연스럽게 남성의 필요를 채워주는 노동의 내용을 알고, 이를 수행할 수 있다고 여겨진다. 재민의 말처럼 알려주는 이 없이, 옆에 언니가 하는 걸 보고 따라하라는 지시로 충분하다. 업소 관리자, 여성 종사자, 남성 손님 3자 모두가 이러한 인식을 공유하고 있고, 그 결과 여성들이 테이블에서 반복적으로 하는 육체적인 노동은 비가시화된다.

그 비가시성에도 불구하고 파트너를 공기처럼 보좌하는 여성 종사자의 반복적인 수행은 남성 손님의 흥겨움을 유지하는 데 필수적이다. 재민은 '아가씨'들이 계속 움직이며 일을 해야 하는 이유를, 남성 손님에게 무언가를 해주고 있다는 걸 확인시켜야 하기 때문이라고 이야기했다. 여성 종사자들은 남성 손님이 인식할 수 있도록, 접대 과정 내내 남성 손님을 위해 무엇이라도 해야 한다는 압박감을 안고 있다. 파트너인 남성 손님은 자신을 위해서 여성 종사자가 이 모든 일을 하고 있다고 생각하며 거리낌없이 요구한다. 남성 손님들은 여성 종사자에게 "넌 여기 앉아 있으러 왔냐?"라며 핀잔을 준다. 여성 종사자들은 남성 손님을 만족시키고, 방 안의 남성들을 즐겁게 하기 위해 전체적인 분위기를 파악해서 조이고 풀고 조율하는 동시에 파트너 남성을 보좌하기 위한 가시적인 수행을 반복적으로 연기해야 한다.

눈치와 센스 등 타인을 신경 쓰는 태도를 전제로 여성 종사자들이 테이블 접대에서 반복적으로 수행하는 심리적, 육체적 노동 전반은 타인의 삶의 질을 향상시키는 것이 아니라 나를 '을'의 위치로 끌어내려 타인을 '갑'으로 만들기 위한 노동으로, 매뉴얼대로 특정한 감정을 표현하도록 강제되는 감정노동과는 달리 섬세하게 눈치껏 주변을 살피고 물질이나 대상을 조율하는 친밀성노동의 일종이다. 그러나 여성 종사자에게 요구되는 친밀성노동은 여성 전반의 역할로 이해되기 때문에 비가시화된다.

분위기를 띄우는 아가씨되기

자기가 더 아가씨처럼 노는 사람도 있고. (아가씨처럼 노는 게 어떤 거예요?) 자기가 알아서 분위기 띄우고 자기가 알아서 (웃음) 탬버린 치고 자기가 알아서 혼자 잘 노는 사람들? (그럼 아가씨한테 요구되는 공통적 역할은 분위기 띄우고 탬버린 치는?) 치든 안 치든 어쨌든 분위기를 띄우고 말을 먼저 유도를 하고 분위기를 띄워야 하니까. 정적이 흐를 수는 없으니까. [중략] 내가 말을 하기 싫어도, 내가 이 손님한테 관심이 없어도 관심 있는 척 계속 말을 시키고 해서 어떻게든 그 분위기를 화기애애하게 만들어야 되는. 말을 하거나 노래를 부르든 뭐를 하든 간에 그건 그 아가씨의 능력에 따라 다른 거고. [중략] 어쨌든 좋은 분위기? 화기애애, 정적이 흐르지 않게끔. 네, 그냥 이 손님들이 느꼈을 때 '아, 재밌다!'라고 느끼게끔 그런 거. (규선)

그 사업상 온 경우에는, 상석 말고는 아가씨를 고를 기회가 없는 경우가 있어서. 아가씨가 뭔 짓을 하든 약간 신경을 안 쓴다고 해야 하나, 자기 파트너한테 관심이 없다고 해야 하나. 끼고는 있는데 1 대 1 구체적으로 요구하고 그런 건 별로 없거든요. 집중이 여기로 가 있으니까 "너도 한 곡 해봐. 분위기 띄워봐" 이 정도지. (나윤)

"아가씨처럼 노는 사람"은 "알아서 혼자 잘 노는 사람"이다. 이 말은 곧, 남성 손님들은 알아서 혼자 못 논다는 말이다. 남성은 여성이 놀아줘야 흥이 난다. "계속 말을 시키고 해서" "화기애애하게 만들어야" 남성 손님들은 "아, 재밌다"라고 느낀다. 사업이 목적인 방에서도 "분위기 띄워봐"와 같은 남성 손님의 요구는 보편적이다. 여성 종사자들은 분위기를 '띄워야' 한다. 들뜬 기분, 신이 나고 재밌고 즐거운 방 분위기를 만들기 위해 남성 손님들은 여성 종사자를 부르고 술을 마신다.

이를 통해 술과 여성 없이 신나고 즐겁게 스스로 놀기 어려운 남성들의 관계 맺기의 단편을 엿볼 수 있다. 남성 손님들은 집단적으로 신나고 재미있게 놀기 위한 고민, 수고, 노동까지 여성에게 아웃소싱한다.

(구체적으로 신나게 노는 게 어떤 거예요?) 신나게 논다는 거는 막 노래 부르고 춤추면서 매상 빡빡 올려주고. 이제 어느 정도 놀면 지칠 거 아니야? 그니까 이제 점점 막 트로트에서 발라드 부르면서(웃음) 분위기 점점 축축 처지게 해서 술병 빨리빨리 비워서 바닥 보이게 하고, 그리고 이제 끝내는 분위기. (정수)

유흥업소 관리자 역시 여성 종사자가 노래를 하고, 남성 손님에게 말을 먼저 건네고, 웃고, 기운을 높여 술을 더 마시고 '미친 듯이' 노는 분위기를 만들기를 원한다. 그 신난 분위기를 타고 남성 손님들이 술을 많이 마시고 과하게 소비하면 그만큼 업소의 수익이 높아진다.

곡명은 기억이 안 나는데 둘이 같이 나가는 언니는 빅뱅 노래 만날 부르고 어떤 방을 가든 〈붉은 노을〉이랑 신나는 세 곡 정도를 메들리로 부르면서. (레퍼토리가 있구나.) 응응. 레퍼토리? 자기들끼리 너무 오래 일했으니까 누가 뭘 신청할지 알고, 어떻게 어느 타이밍에 호응하는지 알고, 서로 막 마이크 주고받고. 막 얘기도 비슷한 얘기하고, 방 들어가서도. 그런 게 있었고. (나윤)

친구끼리 왔을 때는 뭐 진짜 개판 5분 전 노는 거죠. 나가서 노래 부르고 그 시간을 때우기 위해서. 노래 부르고 노래 점수로 내기도 해요. 내기도 하고, 술 게임도 하고. 근데 술 게임 너무 힘들어, 술 게임(웃음). 어떻게든 시간을 보내야 되니까 거의 호구조사하고. 착한 사람이면 호구조사하다보면 시간이 빨리 가요. (도연)

업소 관리자를 만족시키고, 남성 손님도 만족시키기 위해 여성 종사자들은 남성 손님이 계속 신날 수 있도록 노력한다. 신나는 노래 메들리를 짜거나 춤을 연습한다. 술 게임도 한다. "너무 힘든" 술 게임이지만 힘든 티를 내서는 안 된다. 남성 손님들 앞에서 여성 종사자들은 계속 룸 분위기를 고조시켜야 할 의무가 있기 때문이다. 룸이 조용하거나 전체적으로 신나지 않는다면, 그 공간의 여성 종사자들은 "일을 못하는" 사람이 된다.

예를 들어 저 같은 경우에는 그런 얘기 많이 들었어요. "너무슨 양갓집 규수야? 공주님이야?" 한마디로 너무 고상하

유흥종사자의 아가씨노동

게 혼자 교양 떨고 얌전한 척한다 이거죠. (뭘 하면 그게 우아
하게 얌전떠는 거예요?) 크게 막 방정맞게 떠들지도 않고 막
분위기를 띄울 줄도 모르고, 그렇다고 술 잘 먹는 것도 아니
고 담배 피우는 것도 아니고 너무 모범생이라 이거죠. 스킨
십을 잘 받아주는 것도 아니고. 그니까 일을 못한다는 거죠.
(규선)

유흥업소에서 일을 못하는 사람은 "양갓집 규수"와 "공
주님"으로 불린다. 분위기를 띄우고 타인을 즐겁게 하는 일은
주로 낮은 위계에 있는 사람의 몫이다. 접대를 받는 사람이
아닌 접대를 하는 남성 손님도 일정 정도 방의 분위기를 신나
게 만들어야 하는 역할을 부여받는다. 집단적 성구매를 연구
한 이승주의 분석에 따르면 유흥종사자뿐 아니라 남성들의
관계에서도 상대적으로 낮은 위계에 있는 '아랫사람'들에게
'유흥'하기가 요구된다.[14] 유흥업소에서의 '흥겨움'은 같이 만
드는 감정이 아니다. 흥을 만드는 사람과 흥을 누리는 사람이
다르고, 전자는 후자의 아랫사람이다. 그 어떤 남성 손님보
다 여성 종사자는 낮은 위치에 머문다. 남성들 사이에서 가장
'을'인 손님의 기분은 그 남성의 파트너인 여성이 즐겁게 만들
어야 한다.

남성들은 이미 성별화된 유흥업소 시스템 덕분에 복잡한
감정적인 수고와 노동을 하지 않아도 되는 위치를 돈으로 '구

매'할 수 있다. 그 공간에서 '남성'이 되지 않으면 '비非남성'으로 배제될 수 있다는 두려움을 확인하기도 한다. 감정과 돌봄 노동의 행위자가 되는 위험. 그래서 '남자'가 되지 못하는 위험. 남성문화에서 배제되는 위험. 나쁜 남자로서 동등하게 남성연대의 행위자가 되지 못하는 위험.[15] 즉, 성적 지배의 대상이자 감정 그 자체인 '여성'이 되는 위험을 예방하기 위해 남성 집단의 놀이에는 타자로서의 '아가씨'가 필요하다. 유흥의 촉진자이자 모두를 즐겁게 할 책임이 주어진 여성 종사자의 역할은 잘 놀고 기가 센 '업소녀' 이미지를 형성하기도 했다.

여성학 연구자 민가영은 남성의 요구를 수동적으로 수용하는 '여자친구 콘셉트'를 수행해야 하는 오피스텔 성매매산업의 여성들의 상황과 유흥업소 여성 종사자의 '업소녀 콘셉트'를 대조적으로 분석한다.[16] 이 분석에 따르면 유흥업소 여성들은 적극적이고 과한 행동을 함으로써 "제한적 주도권"을 취하고 스스로를 보호하는 반면 '여자친구 콘셉트'를 수행해야 하는 오피스텔 여성들은 스스로를 보호할 전략을 구사하기 어렵다.* 성매매 여성들이 가명을 사용하거나 개인의 성

---

* 해수는 센 여자 콘셉트도 손님 봐가면서 하는 것이라 언제든 활용할 수 있는 전략이 아니라고 지적한다. "룸 같은 경우는 쎈 여자라 그래야 하나 그런 거를 손님 봐가면서 하는 거죠. 이 사람이 정말 접대, 나한테 대접을 받고 싶어서 온 사람이면 대접을 해야 하고, '오빠 술 적당히 드시고'[처럼] 존댓말 꼬박꼬박 쓰면서 '식사하셨어요' [해야] 하는 사람도 있고."

격을 숨기고 다른 성격을 가진 인물로 스스로를 가공해 개인 정보를 보호하고 사회적 낙인으로부터 자신을 보호하는 전략으로 '가공된 정체성manufactured identity'을 구사한다는 지적은 성매매 여성뿐 아니라 동시대 노동자들이 공통적으로 구사하는 신체의 자본화 과정으로 지적된 바 있다.[17]

'가공된 정체성'은 서비스노동 과정에서 노동자가 고소득을 위해, 그리고 그 과정에서 발생하는 심리적인 피해를 최소화하기 위한 전략으로 손님의 욕망에 응하기 위해 신체를 변형하거나 정서적 노동을 구사하는 행위를 의미한다. 자신의 감정을 변형시키는 행위를 넘어 아예 새로운 가공된 정체성으로 구매자와 거래를 하는 전략이다. 틸라 샌더스Teela Sanders는 성노동자가 손님과의 성적인 역동을 관리하기 위해 심리적 경계로서 콘돔을 사용하거나 냉담하게 성노동의 과정을 일로만 묘사하는 등의 방법을 구사하며, 여기에 더해 손님이 스토킹을 할 수도 있다는 공포감과 손님이 자신의 개인정보를 찾아내려는 시도로부터 자기를 보호하기 위해, 그리고 낙인과 비난을 피하기 위해 자신의 성격을 숨기고 새로운 성격을 연기하는 등 정체성을 가공한다고 분석한다. 그리고 이와 같은 '가공된 정체성'은 근대적인 자아가 형성되는 과정이자 몸이 전시되고 몸을 핵심적인 대상으로 삼는 이미지컨설팅산업이나 뷰티산업의 일을 수행하는 노동자들이 공통으로 경험하는 신체의 자본화 과정임을 강조한다.

샌더스는 이 '가공된 정체성'을 여성의 착취나 소외가 아니라 자아의 구현 과정이자 고소득을 취하기 위한 사업적 전략이라고 해석한다. 그러나 여성들이 가명을 쓰고, 업소에서 일하는 자기 스스로를 아예 다른 사람으로 취급하는 '가공된 정체성' 전략을 구사할 때도 여성의 자아는 훼손된다. 세고 잘 노는 여성이 되어 신남을 가장하고, 남성의 '흥'을 해치지 않기 위해 부정적인 감정을 억제하고, 강도 높은 긍정적 정서를 표현해야 했던 인터뷰 참여자들은 자신의 감정을 관리하면서 소외를 경험하고 있었다. 혹실드에 따르면, 진정한 자아real self 감각을 잃고 대신 거짓 자아false self를 수용하게 되면 감정노동자는 일종의 감정적 마비를 경험한다. 감정노동자는 기업의 감정 규칙에 적합하지 않은 감정을 스스로 억압함으로써 어떤 자극에도 감정을 느끼지 못하는 수동적인 상태에 이르게 된다는 것이다.[18]

남성 손님과 여성 종사자의 비대칭적 관계, 유흥업소의 규율에 맞춰 자신의 감정을 '스스로' 관리·통제해야만 수익을 낼 수 있는 업소 운영 체계는 여성 종사자가 스스로의 감정으로부터 소외되는 결과를 초래한다.

그러면 퇴근을 한 순간부터 조금조금 점점 제 가면이 벗겨지는 느낌이에요. 어떤 느낌이냐면 막 일을 했어요. 일하고 이때는 굉장히 막 당돌하죠. 세고, 누가 나 건드려도 이길 수 있어, 나 건들지 마, 건들면 죽어. 굉장히 누가 예전에 저한테 그랬는데 고슴도치 같다고, 자기보호하려는 고슴도치 같다고 막. 굉장히 날 서 있어요. 그러다가 퇴근하고 딱 그 차에서 내리고 내 동네로 내려서 오는 순간 조금씩 그게 벗겨져요. 그리고 점점점 조금씩 원래 말 없던 제 자신으로 돌아오다가 무표정해지고⋯⋯. 어떨 때 보면 내가 안쓰럽다고 해야 하나. 일 나가서 밝게 막 에너지 넘치게 목소리 크게 막 평소에 안 하던 욕도 막 하고. 영혼이 나와서 제가 제 자신을 본다면 어떻게든 살려고(웃음). 살기 위해서, 방어하기 위해서, 내가 더 이상 상처받지 [않게]. 그런 모습 볼 때마다, 도대체 나는 뭐지? 내 모습이 도대체 뭐지? 저게 내 모습인가? 저 밝고 막 까칠하고 날 서 있는 내 모습이 내 모습인지 헷갈릴 때가 있어요. 도대체 나는 어떤 사람이지?(규선)

규선은 이제 능숙하게 스스로를 다른 사람으로 가장한다. 자신을 보호하기 위해 익힌 가공된 정체성이지만, 스스로를 보호하는 데 그렇게 '적극적으로' 움직인 스스로에게 자부심을 느끼지 않는다. 그 대신 남성 손님이 '당돌하다'라고 볼 정도까지만 할 수 있다는 한계를 확인한다. 또한 고슴도치처럼 날을 세우고 있는 스스로를 돌아보며 진짜 나는 누구인지, 왜 조용하고 평화를 좋아하는 자신이 이렇게 행동해야 하는지 자괴감을 토로한다.

(접대 일을 하면서 가장 힘들고 어렵다고 생각한 부분은 뭘까요?)
음. [침묵.] 음……. 세상에서 가장 더럽고 치사하고 질 최악
인 사람들에게 웃으면서 잘 대해줘야 되는 거? 나를 동등한
인격체로 대하지 않는 사람에게 인격체 이상의 것들을 해
줘야 하는 거. 감정을 누르면서 '이 시간에 되게 즐겁고, 난
술도 좋아하고, 오빠들이랑 술 먹는 자리가 즐겁고' 그런 식
으로……. 당장이면 초이스돼서 앉자마자 나가고 싶은데 그
걸 꾹꾹 참아야 하고 손님 이상해도 참아야 하고…….(지선)

저는 그럴 때 상처를 제일 많이 받은 거 같아요. 예를 들어
손님이 내 머리통을 때리는데 내가 거기에서 이 욕을 하지
못하잖아요. "그만해, 오빠"[만 할 수 있고] 난 계속 참아야
되니까. 아니면 가슴으로 손이 들어오는데 내가 그 사람을
때릴 수가 없잖아요? 그걸 계속 방어하고 방어하는데, 내
느낌이 없는 거. 근데 그게 받아들여지는 게 사람 대 사람의
개념이 아니고 내가 마치 그냥 키우는 개처럼 어떤 내 의견
이 없는. 그럴 때 일어난 일들이 더 많이 상처가 됐던 거 같
아. 거의 그 정도 말을 안 들었으면 심각하게 괴롭히는 문제
였을 테니까. 맞아요, 통제권이 없는 거. (도연)

베트남 호치민의 서로 다른 세 개의 성산업 영역을 화
대에 따라 분류해 제각기 층위에서 수행되는 감정노동의 패

턴을 비교 분석한 호앙Kimberly Kay Hoang은 저가의 성매매는 명확히 섹스와 돈이 교환되며 그때 성매매 여성은 억제하는 repressive 감정노동을 수행하는 반면, 고가의 성매매를 하는 여성에게는 표현하는expressive 감정노동이 요구된다고 분석한다.[19] 지선과 도연의 이야기는 유흥업소 여성 종사자에게 요구되는 감정노동이 남성 손님을 상대하면서 발생하는 부정적인 감정을 억제하고 동시에 긍정적인 감정만 표현해야 하는 복합적인 과정임을 보여준다.

접대 과정에서 여성 종사자들이 스스로의 감정을 부정하고 억제하고 숨기는 일은 일상이고, 그 자체가 노동이다. 그래서 여성들은 자신이 하는 모든 일을 손님을 속이는 일이라고 해석한다. 손님의 비위를 맞추기 위해서 스스로를 속이고 손님을 속인다. 모든 대화 및 행동거지를 손님의 욕구에만 맞춰서 행동해야 하므로 자신의 실제 기분, 감정은 표현할 수 없고 이것은 그 자체로 거짓말이다. 업주와 남성 손님은 공통적으로 여성 종사자가 아무에게도 들키지 않고, 손님에게 '갑'의 감각, 대접받는다는 감각을 끊임없이 상기시켜 손님을 잘 속이기를 바란다. 그 속임수가 잘 포장되지 않고 진심이 튀어나왔을 때, 여성 종사자의 눈치가 한계에 부딪혔을 때, 남성 손님의 '흥'은 깨져버리고 여성은 '빼찌'를 먹고 방에서 쫓겨나 돈을 못 받게 된다.

만취를 유도하는 아가씨되기

방 안의 흥분을 고조시키고 신나도록 만드는 과정에 술이 활용된다. 유흥업소의 주된 영업전략은 높은 가격에 술을 판매하는 것이며, 이때 유흥업소에 아가씨가 필요하다. 남성 손님들이 높은 술값을 아무 의심 없이 쓰도록 만드는 장치가 아가씨다. 그 높은 술값은 아가씨와 아가씨를 통해 남성 손님들이 얻을 수 있는 즐거움으로 정당화된다. 사실 유흥업소의 수익은 남성 손님들의 술값에 전적으로 의존한다. 유흥업소에서 여성 종사자를 관리·감독하는 마담, 실장, 부장, 전무의 수입원은 대체로 주류 판매 수익이다. 유흥업소 업주들은 주류 종류에 따라 임의로 할당한 금액이 자신들에게 입금되기만 하면 유흥업소 관리자들이 술을 얼마에 팔든 상관이 없다.* 한국형사정책연구원에서 인터뷰한 조직범죄단체 구성

---

* "투자자와 업주는 병당 입금값만 본다. 보통 윈저 등 한 병에 2~3만 원으로 들어오는데, 이 술병값에서 병당 2~3만 원씩만 입금만 해주면 상관없고, 또 하루에 100병 등 입금가를 넣으면 어마어마하다. 그래서 투자자나 업주는 술병 값만 신경 쓰지 나머지는 신경을 쓰지 않는다. (술에 대한) 입금가가 20만 원, 30만 원 상한선이 있다면, 애들이 처음 온 사람에게 150만 원에 팔 수도 있고 80만 원에 팔 수도 있고 알아서 한다. 그럼 차액이 120만 원이 될 수도 있는데 애들이 술병을 70만 원, 80만 원씩에 팔아도 그 입금 가격만 업주에게 주면 되고 나머지는 밑에서 나눠 갖는다는 것이다(C6)." 한국형사정책연구원, 《조직범죄단체의 불법적 지하경제 운영실태와 정책대안 연구(Ⅱ)》, 한국형사정책연구원, 2015, 224쪽.

유흥종사자의 아가씨노동

원의 유흥업소 운영에 대한 설명을 보면 '술값'이 유흥업소 관리자들에게 얼마나 중요한 수입원인지를 확인할 수 있다. 이 연구의 인터뷰 참여자는 주류 판매 대금을 유흥업소에서 자의적으로 결정할 수 있고, 유흥업소로 손님을 호객하는 유흥업소 관리자들(실장, 부장, 마담 등)이 손님에게 판매하는 술값은 상황에 따라 100만 원까지도 될 수 있다고 설명한다. 만약 업소 사장이 결정한 고정적인 '입금가'가 30만 원이라면 해당 손님을 호객한 업소 관리자의 소득은 100만 원에서 30만 원을 제외한 70만 원이 되는 것이다. 유흥업소 관리자들에게 술을 파는 게 중요한 이유다.

이런 상황이다보니 보도방의 출현과 성매매특별법 제정, 채무관계의 변화로 인해 유흥업소 업주와 여성 종사자의 직접적인 종속-고용관계가 느슨해졌음에도, 즉 마담, 실장, 부장, 전무 등의 직접적인 관리를 받지 않고 보도 사무실을 통해 일하는 형태가 빈번해졌음에도 인터뷰 참여자들은 남성 손님에게 술을 판매하라는 업소의 압박으로 인한 괴로움을 호소했다.

(그 술 빼는 걸* 안 하면 업소에서 불이익을 줘요?) 아 그거를 저희한테 대놓고도 얘기하고 실장한테도 얘기해서 실장이 저

---

*   술 빼기, 손님에게 술을 판매하는 행위를 칭하는 유흥산업의 은어.

희를 혼내고. (뭐라고 혼내?) "야, 너 술 좀 빼. 거기 어디 어디 사장님이 그렇게 얘기하잖아" 이렇게 얘기하고. (그게 실제로 여성들에게 큰 힘을 가지는 거예요? 실제 압박을 줘요?) 그니까 돈 주는 사람이 노래방 업주니까. 그 업주한테 계속 안 좋은 소리 들으면 좋을 게 없으니까 계속 신경 쓰이고. (지선)

"저 사람 돈 좀 있어. 돈 좀 있으니까 오늘 물건 좀 팔아서 술 좀 비싼 거 좀, 알지?" 약간 이런 느낌. 그럼 그 말 듣고 당연히 부담이 되죠. 이 술을 안 팔면 안 되는 거야. (업주가 그 정도로만 얘기해도 부담이?) 부담이 되죠. 다음에 날 안 불러줄까봐. (보령)

보도방을 통해 여성 종사자를 부르는 유흥업소의 경우 여성 종사자에게 어떤 돈도 지급하지 않는다. 남성 손님들은 유흥업소 관리자에게 술값과 여성의 테이블비를 구별해서 지불하고 여성들은 자신의 테이블비만 받기 때문에 업소 관리자가 유흥종사자에게 일을 지시할 권한은 없다. 이런 구조 속에서 업소 관리자들은 접대의 장소 제공자에 불과하지만, 여성 종사자가 테이블에 제공된 술병을 모두 따놓지 않거나 비우지 않으면 지적하고 혼낸다. 여성 종사자들이 유흥업소의 눈치를 보며 남성 손님에게 술을 많이 팔도록 하는 유흥업소의 영업전략은 결과적으로 만취한 남성을 만든다. 술에 취한

유흥종사자의 아가씨노동

남성을 응대하는 일은 업소를 관리하는 사람들에게도 가장 힘든 일 중 하나로[20] 인터뷰 참여자들 역시 술에 취한 남성을 상대하는 접대 일의 지긋지긋함을 호소한다.

(술은 빠질 수가 없겠다, 술값이 사장들 몫이면.) 술을 안 먹은 사람이랑은 대화가 쉽잖아요. 술을 먹으면 대화가 우선 안 돼요. 정말 술주정은 사람마다 달라요. 똑같은 말을 진짜 한 시간 몇 분 동안 계속하는 사람들도 있어요. 술을 안 먹으면 당연히 또 말하진 않겠죠. 그럼 저도 똑같은 반응을 계속할 필요가 없고 대화가 될 텐데, 술을 먹으면 그게 안 돼요. (재민)

술을 먹은 사람들은 일단은 자기 정신이 아니에요. 아무리 점잖은 사람도 술 먹으면 자기 정신이 아니에요. 인격이 조금 달라진단 말이에요, 제가 겪어보니까. 아무리 좋은 사람도 진상이 될 수가 있고, 그니까 어떤 사람은 기억도 못 하는데 기억도 못 할 말을 주절주절 떠들어대는데 그걸 다 "응, 그렇지" 하면서 다 받아줘야 해. 스트레스가……. 이게 나도 미쳤다 생각하고 상대를 해야 하지 안 그러면 육체적으로도 정신적으로도 힘들고. 돈이 어떨 때 보면 내가 받아가는 이 돈이 적다고 생각할 때가 있어요. 너-무 힘들게 일한 날은 여기서 더 받아야 한다고 생각이 들어요. (규선)

솔직히 현실적으로 말하면. 처음에는 술집에서 일하는 게 [다른 성매매 업소보다] 더 크고 낫고 그럴 줄 알았는데 지나고 보니까 다 비슷비슷한 게, 술만 먹고 얌전한 사람은 별로 없는 거 같아요. 술을 먹든 안 먹든, 자기 스타일대로 하고 싶어 하고 자기 욕구를 풀려고 솔직히 가는 거지, 거기서 자기 체면 차려야 한다는 사람 몇 명 안 되는 거 같아요. 자기 성향이 얌전한 사람 아니고서는. (민하)

아일랜드의 성매매 경험 당사자 레이철 모랜Rachel Moran은 성매매 여성들이 술에 취한 남성 구매자를 피하는 것은 당연한 원칙으로, '단골'이 아닌 이상 그 원칙을 어기지 않는다고 말한다.[21] 성매매산업뿐 아니라* 음식점을 운영하는 여성 사업자들 역시 자신을 보호하기 위해 술이 취한 손님에게 술을 팔지 않고 늦은 시간까지 영업하지 않는 전략을 취한다.[22] 그러나 유흥업소 여성들에게 이와 같은 자기보호 전략은 불가능하다. 유흥업소에서의 접대는 성구매와 연결된 '1차', 전초전이다. 술을 마시고, 성구매를 하고, 후기를 나누는 과정

---

* 성매매의 경우 술에 취한 사람을 상대하는 일은 다른 층위의 어려움을 발생시킨다. 일례로 지선은 자신을 면접한 하드코어(접대와 성매매가 세트로 구성된 업종) 업소관리자는 술 마시면 남성들이 발기가 안 되는데 하드코어 업소에서는 그런 경우가 적어서 여성이 "고생 훨씬 덜한다"라고 들은 경험이 있다.

그 자체가 남성에게 유희다.[23] 유흥업소는 술값을 통한 수익을 벌어들이기 위해 이를 조장하고 권한다. 여성 종사자들이 남성 손님 몰래 술을 버리든, 남성 손님에게 술을 먹이든, 스스로 술을 마시든 최대한 많은 양의 술을 룸에서 소비하도록 세팅한다.

업소 관리자의 직접적인 압박과 암묵적인 요구의 교차 속에서 술병을 비우는 방법은 두 가지다. 남성 손님을 만취시키는 과정에서 함께 술을 모두 마시거나, 술을 남성 손님 몰래 버리거나. 술을 모두 마시면 여성 종사자들은 몸이 괴롭고, 술을 몰래 버리는 일은 남성 손님의 이해관계와 상충되기 때문에 갈등을 빚을 수 있다. 테이블에서 어떤 식의 갈등도 만들지 않고 손님의 심기를 거스르지 않아야 하는 접대에서 술을 몰래 버리는 시도는 위험하다. 술병을 비우지 못하면 업주에게 압박을 받고, 술을 마시면 여성의 몸이 상하고, 술을 버리는 일은 내 바로 옆의 남성을 속이는 일이라 쉽지 않고, 만약 술을 몰래 버리다 들키면 방에서 쫓겨나 테이블비를 받지 못한다. 진퇴양난이다.

대부분의 손님들은 알면서도 눈감아주는 거라고 언니들은 말을 하는데. (걸려본 적 있어요?) 네, 꽤 있어요. (걸리면 어떤 일이 벌어져요?) "너 지금 술 버리냐" 이러고 "이거 술값 내면 안 되겠네" 그러면서 장난이 아니라 진짜로 그래서 "야, 야

웨이터 불러" 이래서 "이 아가씨 지금 술 버리잖아요. 이래서 나 이 술값 못 내, 못 내" 이러고…… 왜냐면 이 테이블 망하면 아가씨 전체가 티씨도 못 받고 업주도 술값 못 받고 난리 나니까 최대한 좋게 좋게……(지선)

근데 요즘은 손님들은 더 눈치가 빨라서, 빠꼼이*라 그러거든요? 안 버리는 게 나아. 괜히 걸리면, 그날 술값 종 치는 거지 이제. 아가씨 티씨도 못 받고. 재수 없는 놈, 싸가지 없는 성격, 쎈 애들한테 걸리면. (위험하네.) 그렇죠. 그래서 요즘엔 오히려 언니들이 그냥 마셔요. 그래서 술 빼는 가게 가면 언니들이 딱 12시만 되도 다 이래[술에 취한 몸짓]. (해수)

여성이 하는 모든 일을 저평가하고 여성의 일이 담지한 위험을 사소하게 생각하는 한국 사회여서일까? 술을 마시는

* 유흥업소 단골 손님들로으로 손님의 기대와 요구를 거절하기 어려운 여성 종사자의 위치와 유흥업소의 여성 종사자 보호장치 부재 및 유흥업소의 상술(술 빼기, 노래방 기계 시간 빨리 돌리기 등)을 파악하고 이를 이용해 여성 종사자를 괴롭히는 이들을 의미한다. 예를 들어, 30분이 되기 전에 퇴장하면 어떤 테이블비도 못 받고 최소한 50분 이상을 채워야 약속된 테이블비를 받을 수 있는 유흥업소 시스템을 활용해 여성 종사자가 앉은 지 10~30분쯤 되었을 때부터 부당한 요구를 하거나 폭력적인 행태를 구사한다. 여성 종사자는 이미 꽤 오랜 시간을 버렸으므로 약속된 테이블비를 수령하기 위해 '빠꼼이' 손님의 부당하고 폭력적인 행태를 끝까지 버틸 가능성이 높다.

것이 '일'보다는 '놀이'에 가깝다는 생각 때문일까? 술을 버리거나 과도하게 마셔야 하는 여성 종사자의 일은 쉽고 사소하게 여겨진다. 그러나 여성 종사자들의 술로 인한 스트레스는 상당히 높다. 테이블 접대부터 성매매까지가 하나의 세트이고 룸 안에서 '인사'(초이스 직후 입으로 남성 성기를 발기시키는 행위)를 해야 하는 '풀살롱'을 기피하기도 하지만, 풀살롱에서는 술을 많이 소진시키는 게 중요하지 않다는 점을 장점으로 꼽거나, 술을 몰래 버리는 걸 못 해서 남성 손님이 주는 대로 마시다가 너무 힘들어서 키스방으로 업종을 바꾸는 등 인터뷰 참여자 전원은 술 마시는 일을 피하기 위해 오히려 2차 성매매가 필수더라도 술을 빼지 않아도 되는 업종으로 이동해본 경험이 있었다. 해외산업형 성매매 업소가 그나마 나은 점으로 술에 대해 아가씨들이 신경 쓸 필요가 없었다는 점을 꼽기도 한다. '술 빼기' 기술, 소위 '술작업'은 상당히 까다로운 과정으로,* 여성들은 술을 남성 손님 모르게 버리는 위험을 감수하느니 그냥 마시는 것을 택하기도 한다.

정말 많이 먹는 거예요. 근데 나는 술작업? 솔직히 그거 나 어떻게 하는지 잘 몰라요. 어떻게 뭐 얼음통에 해서 뭐하면

---

* 술작업은 술을 마신 척하면서 버리는 방법을 통칭한다. 보통 양주를 마신 척 하면서 입에 머금은 양주를 홍차를 담은 컵에 뱉는다.

뱉고 하라는데 입에 들어가면 이미 넘어가고 없는데(웃음). 이미 없어. 그냥 다 먹는 거예요. (아, 너무 괴로웠겠다.) 다 먹고. 먹고 쏟고 먹고 쏟고. (보령)

그 언니들은 그거랑 다른 걸로 해서 매력 어필을 해야 하기 때문에, 그렇게 해서 일을 이어가야 하기 때문에 그 언니들은 술을 먹어요. 근데 옆에서 보기에도 괴롭게 술을 먹고 퇴근하는 언니들이 있어요. 술에 취해서 토하고 인사불성이 돼서 정신이 나가 있는. 되게 힘들어서 차에서 엎드리지도 눕지도 못하고 그럴 때, 참 힘들다, 이 일이. (규선)

유흥업소와 남성 손님의 이해관계 속에서 여성 종사자는 손님을 취하게 하고, 만취한 손님을 응대해야 한다. 대화가 불가능할 정도로 만취해 인사불성이지만 여성 종사자는 남성 손님에게 술을 그만 마시라고 할 수 없다. 이미 모두 취했으니 자리를 파하자고 할 수 없다. 남성 손님의 음주는 유흥업소의 이윤 창출을 위해 막을 수 없고, 술을 얼마나 마실지를 결정할 권한은 오직 남성 손님만 쥐고 있다.

유흥종사자의 아가씨노동

유흥업소 위험의 외주화

그것은 우연한 사고가 아니다

유흥업소 여성 종사자들이 '1차' 과정에서 겪는 폭력, 스트레스, 괴로움은 유난히 이상한 '진상' 손님의 문제 혹은 여성 종사자의 부족함 때문에 발생한 우연한 사고나 사건으로 여겨지기 쉽다. 그러나 여성 종사자가 경험하는 위험은 남성 손님에게 종속된 관계, 유흥업소의 압박 속에서 예견된 위험에 가깝다. 그런데도 여성 종사자들이 유흥업소에서 마주하는 위험이 우연한 사고 정도로 여겨지는 이유는 그렇게 만들어야 유흥업소가 책임을 회피하고 그 위험을 여성의 책임으로 전가할 수 있기 때문이다. 그렇다면 구체적으로 어떻게 유흥산업이 '1차'에서 여성 종사자가 겪어야 하는 위험을 비가

시화하고, 그 책임을 여성 종사자 개인에게 전가하는지 살펴보자.

위험을 속이는 유흥산업

유흥업소가 수익을 위해 술을 팔고 남성을 호객하려면 일단 여성을 모집하고 이 여성들을 '아가씨'로 유지해서 남성 손님들이 기대하는 흥겨움을 확보해야 한다. 유흥산업은 여성들을 모집할 때 유흥업소에서 일하면 성적인 객체이자 상품인 '아가씨'가 되어 남성 손님의 성적 침범을 감내하고 격하된 위치를 받아들여야 한다고 설명하지 않는다. 여성을 모집할 때 사용하는 유흥산업의 사기와 속임수는 보편적이고 당연한 상식처럼 보인다. 속임수로 인해 발생하는 위험에 대한 책임은 사기행위를 한 사람들이 아닌 그 사기행위의 피해자에게 돌아간다.

혹시 위험한 상황 생기면 우리가 다 챙겨준다, 그러니까 걱정하지 말라고 하고, 그냥 뭐 노래 부르고 그냥 친구랑, 아, 맞아 그렇게 얘기했어요. 친구랑 노래방 가듯이 똑같이 하면 된다고, 친구랑 노래 부르러 간다고 생각하라고 했어요. (그 사람이 설명했던 말들이 다 사실이었어요?) 아니죠(폭소). **친구랑 노래방 갔는데 누가 막 가슴에**

손 넣고 막 이러고 서로 돈을 주고받고. 완전 다르죠. 2만 5,000원이라고 한 거 자체는 사실인데 그게 엄연히 말하면 시급은 아니잖아요. 테이블 들어가야 받는 건데 그때는 시급 2만 5,000원이라고 해서 되게 많이 받는 거 같았고, 그리고 가족 같은 분위기라고 저는 생각 안 했어요. 일급으로 주는 건 사실이었어요. 하루 일해보고 결정하는 것도 어차피 맞는 말이었고. **거짓말은, 일이 쉽다는 건 완전 거짓말이었어요.** (지선)

(보도 실장은 이 일이 어떤 일이라고 설명했어요?) **탬버린 흔들고 헌팅하듯이 놀면 된다. 술 먹고 싶으면 술 먹어도 된다. 그냥 논다.** 그런 식. 헌팅하고 노는 거랑 똑같다. 근데 헌팅은 아니지-. 아저씨들을 무슨 헌팅을 해요. 그렇죠? 처음에 설명할 때는 그런 식으로 얘기를 해요. 그랬던 거 같아요. (어떤 일을 하는 데인지 적혀 있었어요?) 아니죠. 그런 내용이 정확히 있지는 않죠. 그냥 "노래방 도우미 구함" 이런 식으로만 적혀 있는데 이게 술을 따라야 되는지 뭘 해야 되는지는 전혀 모르고 간 거죠. 근데 단지 인터넷 찾아봤을 때는 적당히, 제가 봤던 건, 적당히 탬버린만 쳐주고 [하면 된다는 거고], [일 구할 때] 통화를 할 때도 "적당히 탬버린만 쳐주고 그냥 놀러 온 것처럼 놀면 된다" [그래서] "오케이! 갈게요" 이렇게 했던 거 같아요. (도연)

아가씨노동을 "돈을 쉽게 버는 일" "놀면서 돈 버는 일"이라고 표현하는 수사들은 접대 과정의 위험을 숨기고 속이는 유흥업소의 레퍼토리다. 여자라면 누구나 할 수 있고, 전혀 어렵지 않다는 식의 사회적 편견에 기대 유흥업소 관리자와 보도 실장들은 접대 일을 "그냥 논다"거나 "친구랑 노래 부르러 가는 일"로 안내한다. 'ㅋ알바' 사이트를 살펴보자.[24] 해당 사이트는 "기업과 인재를 최적의 조건으로 연결하는 네트워크 채용의 장"이며 "허위성 없는 믿을 수 있는 정보"를 제공하겠다고 공언한다. 광고의 신뢰도는 광고 기간과 레벨을 표시해서 오래 유지해온 광고라는 점을 기준으로 책정하고, 광고에 '좋아요'와 '싫어요'를 클릭해서 누적 횟수가 보이도록 하며, 안심번호 서비스를 도입하고, 벤처기업 인증업체에서 개인정보 보호를 철저하게 하고 있다고 홍보한다. 주먹구구식으로 운영되는 곳이 아니라는 점을 호소하기 위해 사무실 전경 사진과 '직업정보제공사업신고확인증' 등 각종 서류를 홈페이지에 전시한다.

그러나 이와 같은 각종 시스템은 사이트의 표면적인 신뢰도만 상승시킬 뿐 실제 구인 내용에는 별다른 제재나 조치를 취하지 않는다. 해당 사이트를 이용하는 여성들도 사이트 운영자나 사이트의 시스템을 신뢰해서 안심하고 사용하는 것이 아니라 "자기들끼리[여성들끼리] 이렇게 요런 커뮤니티가 있어서"(해수) 자유게시판을 통해 익명으로 필요한 정보를 나누는 등 네트워킹을 할 수 있기 때문에 자주 활용한다. 임의로 '서울 동대문구'를 지역으로 검색한 결과 게시되는 업소 광고 6종을 간단히 살펴보면 구인광고에서 전달하고자 하는 정보가 몇 가지로 분류된다.[25] 바bar, 기타(해당 사이트에서는 보도방이 '기타'로 분류됨), 노래주점, 룸살롱 등으로 구분된 업종과 상관없이 유흥업소들은 공통적으로 구직자들을 "언니", "공주"로 지칭하며 전적으로 여성의 편의에 맞춰 일할 수 있음을 어필한다.

"누구나 대환영" "대한민국 성인여자 20-40세 공주님이면 누구라도 가능(40세가 넘어도 동안이라고 생각이 들면 주저하지 말고 연락주세요.)" "VVIP급 공주님들" "외모 중요하지 않음. 츄리닝에 슬리퍼만 아니면 오케이"인 데다가 "한 달에 1번 나와도 되고 일주일에 7번 나와도 되고" "아무 시간이나 편하게 출근 가능"하고 "일주일에 한 번 아니 한 달에 한 번 아니 1년에 한 번만 출근해주셔도 감사"하다. 소득은 모두 당일에 지급된다. "세상에 이렇게 쉬운 일이 있을까 싶을 정도로 쉬운 일"이니 "편하게 일하고 싶은" "돈을 많이 벌고 싶은 마음"이 있으면 연락하라고 한다. 복장 제한도 거의 없는 것처럼 설명한다. "원피스, 투피스 편하고 깔끔한 복장(단 운동화, 트레이닝복, 청바지 안 됨)", "츄리닝에 슬리퍼만 아니면 오케이"라며 "치마만 입으면 되는 일" 등으로 묘사한다. 급여는 통일이 안 된채 어떤 업소는 시급으로, 어떤 업소는 일급으로 표기되어 있고, 그 금액은 20만 원에서 38만 원까지 적혀 있으나 급여의 근거는 "개수 많이 찍어드릴게"(여성이 손님으로부터 초이스될 확률을 높여주겠다는 말)가 유일하다. "투잡" 상관없고 "단기 알바"도 괜찮으니 딱 한 번만, 하루만 출근하라는 유흥업소 광고물은 여성들에게 애걸복걸하는 것처럼 보인다. 하지만 이들의 홍보 내용은 거짓이다.

제가 메리트라고 느낀 건 차비 지원. 근데 차비 지원 거의 다 거짓말이야. 그리고 10만 원이라고 썼지만 다 가면 8만 원. 보도니까. (다 거짓말이네?) 다 거짓말이야-. 그 공고를 어렸을 때나 나는 믿고 간 거지. 지금은 그냥 봐도 "음, 여기는 보도, 응, 여기는-" 그 정도? [중략] 솔직히 이제-껏 일하면서 정상적으로 적어놓은 데 단 한 번도 본 적이 없어요. (만약에 제대로 적는다면 뭐를 적어야 되는 걸까?) 제대로 적는다면, 음…… 차비를 진짜 줄 거면 차비 지원을 적고, 면접비를 정말 줄 거면 면접비를 적고, 그리고 만약에 내가 보도라면 찡대* 떼고 8만 원, 근데 일은 몇 시부터 몇 시까지 많다, 근데 일이 없으면 좀 한가하다(웃음). 솔직하게 쓰라고. 근데 이 지역 1등, 콜 수 1등, 이런 식으로 일이 많다, 그런 식의 얘기들이 되게 많았던 거 같아. (도연)

---

*   알선비를 의미하는 유흥산업계의 은어.

유흥업소 위험의 외주화

처음에는 나오고 싶을 때 나오고 용돈벌이[라고 생각하면 된다고 하는데], 제가 이제는 실장들 말 안 믿어요. **어느 동네 어디를 가도 실장들 처음에 하는 말은 안 믿어요.** 왜냐면 처음에는 다들 어떤지 모르고 일단 한 명이라도 더 나와야 돈이 되니까 처음에는 편하게 생각하라고 하죠. 어느 동네를 가도 다 마찬가지로 "시간대 뭐 우리는 자유로워" 이러면서 "뭐 너무 늦지만 않게 나오면 되는데" 이렇게 말하지만, 제가 만약에 늦게 11시나 이렇게 나와요, 그게 한 세 번 반복되면 "너 왜 만날 늦게 나오냐, 돈 안 벌 거야?" 이러면서 짜증을 내기 시작하죠. 자기들이 어떻게든 하나라도 일을 더 넣어야 그게 자기들한테 돈이 돌아오니까 자꾸 빨리, 자주 나오라고. (규선)

홍보를 하는 유흥업소 관리자를 포함해 유흥산업의 관계자들도 홍보 문구에 거짓이 있음을 알고 있지만 여성들을 모집하기 위해 거짓은 필수이고, 거짓말인 걸 알아도 업소에 생기는 문제는 없으므로 상관없다. 유흥업소 관리자 및 보도 실장들이 여성들에게 모두 맞춰줄 것처럼 홍보하고 하루라도 나오라고 호소하는 이유는 자명하다. 급여, 자유로움, 술 강요 없음 등 보장하겠다고 홍보한 내용들을 지키지 않더라도 손해 볼 일이 없기 때문이다. 한 업소의 홍보 문구처럼 "개수 많이 찍어드릴게 그걸 이어가는 건 언니 몫이다"라는 명제가 존재하는 한, 손님에게 초이스가 안 되고, 중간에 쫓겨나고, 술을 몰래 버리지 못해 다 마시는 상황은 여성 종사자의 책임으로 남을 뿐이다. "편한 원피스나 투피스"라고 하지만 지역마다 조금씩 다른 여성들의 복장을 보면서 스스로 조율하고 튀지 않는 옷을 찾아가는 과정은 필수적이다.

조금이라도 유흥업소에서 일을 해봤던 여성 종사자라면 거짓이라는 걸 알 수밖에 없는 내용이기에 여성들은 구인구직 사이트를 이용하면서도 홍보 내용에 크게 집중하지 않는다. 처음 일하는 사람이 아니라면 '수입 보장', '진상 없음'처럼 업소, 보도방에서 홍보하는 내용을 업소나 보도방이 확보해 줄 수 있는 영역이 아니라는 사실을 알고 있다.

중간에 왜 그만뒀냐면, 손님한테 맞아가지고. (왜?) 술 먹고. 술 취해서 맞았는데 그 보도 실장이나 노래방 주인이나 아무도, 아무도 보호해주지도 않고 그 손님을 잡지도 않았어요. 바로 눈코앞에 있는데 잡지도 않고. 그니까 [내가] 미성년자인 걸 아니까. 보호해주지 않는 건 똑같아요. 보호해주지 않는 건 업주든 그거를 지키고 있는 바지사장[이든] 다 똑같아요. (보령)

인터뷰 참여자들은 유흥업소에서 일하면서 "보도 실장이나 노래방 주인이나 아무도" 나를 보호해주지 않는 현실,

"진짜 돈 많은 사람이 이거[최고]"(재민)임을 매 순간 재확인한다. 보도방과 업소 관리자는 손님으로부터 여성들을 보호해 줄 위치가 아닐뿐더러 그럴 의지가 없지만 홍보 문구에는 천연덕스럽게 진상 없고, 블랙손님* 관리를 한다고 적어둔다. 그뿐만 아니라 업소마다 자신들을 홍보하기 위해 적은 '편의 사항'은 지켜지지 못할 약속으로 채워져 있다. 'ㅋ알바'의 경우 "만근비 지원" "성형 지원" "해외여행 지원"이 기입되어 있는 업소 홍보물 어디에서도 이에 대한 설명을 찾을 수 없다. 한 업소는 월요일부터 금요일까지 5일 근무하면 토요일과 일요일 이틀간 '찡대(알선비)'가 없다는 점을 '만근 서비스'로 지칭한다. 이렇게 허위 광고가 난립한 결과 많은 여성들이 유흥업소의 사기행위의 피해를 입고 예상하지 못한 위험을 경험하지만, 이런 허위 광고 덕분에 유흥산업은 새로운 여성들을 안정적으로 공급한다.

업소 관리자들이 유흥업소에서 발생할 수 있는 위험 요소에 무지한 것은 아니다. 이들은 술 취한 손님을 다루는 일의 어려움과 성적 침범이 만연한 현실, 여성들이 일하면서 정서적·신체적으로 어려움을 겪는 상황을 누구보다 잘 안다. 두루뭉술하게 일을 지시하고 구체적인 위험 요소에 대한 설명은 업소 관계자가 아니라 다른 여성 종사자에게 맡기는 이유

---

* 　진상 손님을 의미하는 유흥산업계의 은어.

는 자신들도 익히 잘 아는 그 위험을 공식화하지 않기 위해서다. 유흥업소 접대 일이 힘들고 고된, 위험한 일로 의미화되어 여성을 모집하기 어려워지면 유흥업소의 수익을 확보할 유일한 수단인 여성 공급에 차질이 생긴다.

(그럼 처음 노래방 도우미로 갔을 때 이 일은 이렇게 저렇게 하는 일이라는 설명을 들었어요?) 설명보다는 "들어가서 그냥 너희 노는 거랑 똑같이 놀면 돼. 야, 그 맥주 많이 안 마셔도 돼. 앉아서 계속 얘기하고 놀고 그냥 춤추자고 하면 춤추고 놀고 하면 돼" 약간 이런 느낌이지 전문적으로 알려주고 하지 않았고 "안에서 자꾸 손님이 가슴 만지고 자꾸 밑에 손 넣고 막 이래요" 하면 "아, 그런 건 잘 융통성 있게, 잘, 응, '그냥 아 오빠 여기선 그렇게 하지 마요--'(목소리 높여서 가늘게) 뭐 이렇게 해" 이런 쪽으로 알려주는 거? (실장이?) 어, 아니면 그냥 나보다 나이가 많은 언니들한테 대신 설명을 해달라고 하든가. (보령)

(사장은 이 일이 어떻게 하는 거라고 설명했어요?) 그 업주는 슬립[여성용 원피스 속옷]을 줬어요. 그리고 "슬립 입고 들어가". 그 얘기를 저한테 디테일하게 해주지 않고 "언니들한테 배워" 이런 식이었고. 심지어 이제 친구랑 같이 갔으니까 "얘가 어느 정도 알 테니까 언니들한테 배워" 이런 식으로

유흥업소 위험의 외주화

얘기를 했어요. (도연)

보령이 노래방에서 처음 일하게 되었을 때, 도연이 하드코어 업소*에서 처음 일하게 되었을 때 유흥업소에서 해야 하는 일의 자세한 내용을 알려준 사람들은 같이 일하게 될 여성 종사자들이었다. 이렇게 업소 관리자가 암묵적인 업무 지시만 하고 구체적인 일의 내용은 다른 여성 종사자에게 맡기는 관행은 유흥업소를 비롯하나 성산업 업소에서 보편적이다. 립카페**라고 불리는 업소(입으로 남성을 사정시키는 업소)에서 일했던 나윤의 경험 역시 유사하다.

(업주가 설명하는 거랑 언니들 설명이랑 내용이 달랐어요?) 좀더 노골적이죠. 가게 밖에서 말할 때는 "손님들 이렇게 해주는 거"라고 그렇게만 얘기하고 [가게에] 가서는 "언니들한테 설명 들었냐"고 한 다음에 설명해줬어요. 손님 들어가면 이렇

---

*   도연이 일한 소위 변종 룸살롱/클럽으로, 도연에 따르면 '인사(손님이 여성을 초이스한 뒤 룸에서 손님에게 가장 첫 단계로 해야 하는 특정한 서비스를 의미하는 은어)'의 과정은 이렇다. 홀복을 입고 초이스 과정을 거친 뒤 초이스 이후 홀복을 '슬립(란제리)'으로 갈아입고 룸에 들어간다. 손님 룸에 들어가서 상의 속옷과 슬립을 탈의하고 시끄러운 노래를 틀어놓고 큰 소리로 인사를 한 뒤 계곡주(여성 종사자의 쇄골과 가슴 사이로 흘려서 잔에 받은 술)를 타서 자신의 파트너인 남자 손님에게 제공하는 것까지를 통칭한다. 그후 슬립을 다시 입지만 손님이 슬립을 벗길 경우 벗고 접대를 한다.

**   입으로 남성 손님을 사정시키는 업소.

게 방 보여주면서 이렇게 깔고 여기 앉아서 하면 된다.(나윤)

두루뭉술한 업무 정보에는 소득도 포함된다. 하루에 "20, 30만 원 보장"한다던 보도 실장은 "이런 일은 티씨가 아니라 팁이 주라고 생각하면 된다. 하루에 잘 버는 언니는 40, 50 가져가더라. 나보다 돈 더 많이 번다"(나윤)라고 말을 바꾼다. 소득에 대한 말 바꾸기는 일상이기 때문에 오랜 기간 유흥업소에서 일했던 민하는 다른 여성 종사자들에게 해주고 싶은 조언으로 "만약 10만 원 준다고 하면 10만 원 주는 가게가 맞는지 확인"할 것을 당부한다. 유흥업소 구인구직 사이트에서는 '개수'를 보장한다고 하지만 손님이 누구를 선택하고 티씨비를 지불할 것인지의 결정권은 업소 관리자가 아니라 남성 손님에게 있다. 업소는 여성 종사자의 수입을 보장해줄 의지도, 능력도 없다.

"항상 콜 많을 거" 같다, "초이스가 잘될 것처럼 얘기했지만 전혀 잘되지도 않았고, 미러초이스***도 되게 쉬운 일처럼 뭐 얘기했지만 정신적으로나 체력적으로나 누가 항상 저를 쳐다보고 있고 감시하고 있다는 생각에 너무 힘들"었던 지선의 이야기나 "모르고 갔을 땐 이렇게 다 당하는 거"라는 도연

*** 여성들이 대기하는 공간에 밖에서만 안을 볼 수 있는 거울을 설치해 남성 손님들이 가게의 여성 종사자를 한눈에 보고 선택할 수 있도록 고안한 초이스 방식이다.

의 말은 두루뭉술한 업무 정보 전달과 같은 기망이 여성을 공급하기 위한 시작점에서만 구사되는 것이 아니라 여성 종사자를 관리하는 과정에서 연속적으로 업소 관계자들이 활용하는 전략임을 알 수 있다. 좋은 업주의 기준이 "일을 하다보면 '스킨십이 있을 수 있다'는 말을 해주는 업주"라는 나윤의 말은 이와 같은 업소 관리자들의 기망이 얼마나 일상적인지를 보여준다.

한편 보도 실장들은 여성 종사자를 속이는 동시에 '친절한' 태도를 유지해 그 책임을 회피하고, 유흥산업에 내재한 위험을 개별 남성 손님의 우연한 잘못된 행동으로 축소한다.

그 실장은 제가 빚이 없어서 그런 걸 수 있는데 어지간하면 어딜 가도 엄청 심하게 뭐라고 안 하거든요? "잘 나왔어" 이러지 "왜 못 참냐" 이런 말 안 하는데, 사장님은 "어, 너네 이렇게 나가면 손님이 다음에 우리 가게 오겠냐"고 그런 얘기 다 하고. 실장들은 그 얘기[진상 손님 이야기] 하면 "아우 그 가게 가지 마, 가지 마" 이러거든요. (나윤)

근데 그래도 자기들 입장에서는 그 실장들이 있기에 저희가 돈을 버는 거니까는 저희를 도와주는 사람이라는 인식을 심어주죠. 도와준다고는 얘기 안 하고, 그냥 사소한 것들에서 뭔가. 예를 들어서 테이블비가 3만 원인데 5,000원 떼고 저희한테 2만 5,000원 줬는데 손님이 진짜 진상이었다 거나, 거기서 내가 너무 잘 대처해서 테이블 잘 마무리했어요. 막 그러면 뭐, 2만 7,000원을 준다든가. "니가 이런 것도 잘하고 고생했다" 그런다거나 좀더 챙겨준다는 느낌으로 그렇게도 해주고. 아니면 뭐, 말을 잘해요, 말을. "아이고, 고생했어. 이번에 진상 많았지. 힘들었지?" 말을 엄청 잘해요, 진짜. 그리고 항상 말할 때도 아가씨 편에서 말을 하거든요. "그 진상 새끼 또 왔네" 이러면서 항상 아가씨들 편에서 "아, 힘들지" 이렇게 챙겨주거든요. (지선)

여성의 숫자가 곧 수익인 보도방은 언제든 여성들이 자신에게 오도록, 한 명이라도 더 나오도록 하는 데 혈안이다. 하지만 유흥업소와 보도방의 관계 속에서 보도 실장들이 개입할 수 있는 영역은 매우 제한적이다. 이들은 그저 여성 종사자를 유흥업소, 남성 손님과 알선만 할 뿐이다. 무례하거나 폭력적인 손님을 직접 뺄 수도, 그 공간에 같이 들어갈 수도 없다. 그럴 권한도, 힘도 없으므로 이들이 여성들을 회유하는 방식은 그저 같이 손님을 욕하거나 여성 종사자를 응원하는 정도다. 그렇게 '좋은' 관계를 만들어놔야 여성 종사자들이 자신의 보도방을 통해 계속 일하고 다시 찾아온다. 보도방에 손해를 미치지 않는 한, 보도방 관리자들은 유흥업소에서의 여성 종사자가 감당해야 하는 각종 위험 요소와 이를 구성하는 조건은 건드리지 않은 채, 상품으로서의 여성을 관리한다.

고립된 여성 종사자

여성 종사자는 유흥업소에서 '내 편'이 아무도 없다는 사실을 확인하면서 점차 고립된다. 예를 들어 유흥산업에서 여성 종사자가 겪는 성적 침범은 접대 과정을 넘어 여성 종사자가 관계 맺는 업소 관리자 및 보도 실장이 자행하는 폭력이기도 하다.

오히려 실장들이 이렇게 더, 막내 실장 말고 나머지 두 명은 그 노래방 좀 시간 남으면 저희 사무실이 있는 노래방 다른 방에서. 이제 그니까 그 방을 빌려서 저희 사무실 아가씨들 오게 해서 진짜 아예 대놓고 돈을 [내고], 방을 잡은 거면 티씨를 주고, 보통은 티씨 없이 노래 부르고 술 시키고 엄청 만지고 그랬어요. (지선)

실장이라고 하는 사람들도 사람마다 다 달라요. 인성이 다 달라가지고. 오히려 그 실장들이 더 이렇게, 뭐라 하지, 약간 성추행식으로 하는 변태 같은 사람들도 있고. 에이스 이런 것도 있어요. 돈을 많이 벌어다주는 애, 아닌 애. 그럼 만

약에 제가 돈을 못 벌어주는 그런 애면, 나중에 막 대하기 시작해요. (규선)

실장은, 그땐 되게 잘해주는 줄 알았는데. 처음이니까 앞에 앉으라면서 앞좌석에 둘이 앉고. 방 끝나고 바로 다른 방 보내기보다는, 뭐 어땠는지 물어본다고, 사람들끼리만 방에 들어가게 하고. 손님이 짓궂게 굴지 않았는지, 어떻게 했는지 알려달라 하고, 그래서 옆에 앉고. "손님들 짓궂은 사람 중에 이렇게 너 만지려고 하는 사람 있을 텐데 어떻게 하냐. 안 된다고 하라"고 하고 그러면서, "오빠가 남자를 아는데 남자들은 주면 안 되는데 줄 것처럼. 그렇다고 완전 거절해선 안 되고 기분 나쁘게 하면 안 된다고. 줄 것처럼 굴어야 한다"고. "남자는 여자 스킨십에 약하니까 니가 먼저 옆에 앉아서 앉자마자 다리 허벅지에 손 얹으란 말 하고. 너 만약에 손님이 가슴 만지면 어떻게 할 거야" 그러면서 가슴 만지고 그랬죠. (나윤)

유흥산업과 관련된 남성 행위자 모두가 여성 종사자를 성적 침범이 이미 합의된 '상품'으로 간주한다. 업소 관리자들은 자신들이 여성 종사자들을 보호해준다고 말하지만 여성 종사자는 직·간접적으로 이들이 성적 침범의 가해자로 돌변하는 모습을 목도한다. '남성'인 업소 관리자들은 언제든지 손

유흥업소 위험의 외주화

님이 되어 상품화된 여성 종사자를 침범할 수 있는 존재들이다. 이는 '남성'인 경찰도 마찬가지이다. 여성 종사자들은 경찰을 인권 침해나 폭력으로부터 자신을 보호해주는 존재가 아니라 단속으로 자신들을 처벌하거나 손님으로 방문해 다른 손님처럼 접대를 받고자 하는 존재로 인식한다.

> 경찰, 형사 진짜……. (와서 밝혀? 경찰이라고?) 응. "오빠 무슨 일해?" "어, 오빠 나랏밥 먹어." "뭐뭐 오빠? 오, 공무원이야, 오빠?" "아이, 아이, 뭐. 경찰이야 경찰-." "아하하. 아, 오빠 무슨 반이야?" "오빠 강력계야." "오, 진짜? 오빠한테 잘 보여야겠다." "그러니까 니들 못하면 오빠가 다 잡아갈 거야." 이러면 아가씨들도 다 쫄잖아, 괜히. 그 말이 재수 없어. 그럼 지는 왜 왔어. 1종*인데, 안 잡혀가는데……. 단속이랑, 손님들도 경찰 오면 정상은 거의 못 봤어요. 그래서 그냥 피하고 싶은 거지. 기왕이면 경찰은 안 마주쳤음 좋겠다, 그냥. (해수)

---

*   흔히 합법적 유흥주점으로 등록한 유흥업소를 '1종'이라고 부른다. 1종은 유흥주점, 2종은 단란주점, 3종은 노래방이라고 말하기도 한다. 맥양주집 (음주와 성구매가 필수인 곳으로, 술을 판매하나 유흥주점이 아니라 대부분 휴게음식점으로 등록된 업소인데, 방석집이라고도 부른다)을 3종이라고 하는 경우도 있으며, 은어로 사용되는 말이라 지역마다, 사람마다 달리 사용한다. 하지만 유흥주점은 어디서나 1종으로 불린다.

밝히는 애들도 있어. 그니까 "나 경찰이니까 너 나한테 더 잘해라" 이럴 수도 있고. (걔네는 안 무서운가?) 되게 옛날에는 그게 걸릴 수 있다는 그런 건 아예 없었던 거 같고, 2000 년대 지나고 나서는 지네들도 조심하고 말 안 하려고 하는데 어쩌다가 까이는 애들도 있고. 그런 거 같긴 한데 아직까지도 굳이 그런 데 와서 그거를 되게 조심해야 되고 크게 그렇게 하는 거는 내가 일할 때까지는 난 잘 모르겠었어. (정수)

해수와 정수는 경찰이 손님으로 오고 자신이 경찰임을 과시하는 모습에 경찰도 다른 남성 손님들과 다를 게 없음을 확인한다. 유흥업소는 합법, 성매매 업소는 불법이라는 "묵인-관리체제"[26] 속에서 경찰은 여성 종사자들의 처벌 유무를 자의적으로 판단할 수 있는 자신의 권력을 과시하며 여성을 '아가씨'로 멸시하는 손님일 뿐이다. 그들이 거리낌 없이 업소를 방문하고 자신의 위치를 과시할 때, 여성들은 경찰이 상징하는 국가에 대한 기대를 놓는다.

오히려 여성 종사자들은 유흥업소 단속 과정에서 경찰과 업주의 유착관계를 경험하면서 경찰이 유흥업소의 옹호자라는 사실을 재확인한다. 2차 성매매가 필수인 풀살롱에서 "단속 걸리는 것도 사장이랑 경찰이 만드는" 과정임을 목격한 해수에게 유흥업소 업주와 경찰은 서로에게 "윈윈"인 관계다. 단속이 센 날에는 담당 실장이나 상무들이 미리 "오늘 단속

유흥업소 위험의 외주화

세니까 하루만 쉬어"라고 연락하기도 했다.

그 경찰이 자기들이 들었을 때는 화대비나 시간연장이나*
어차피 돈은 돈이니까 "네가 돈 받으려고 그러다가 그놈하
고 그렇게 한 거 아니냐"고 자꾸 그 똑같은 맥락으로 엮어
서. 제가 몇 번을 얘기했거든요. 아직도 저는 그걸 생각하면
울화통이 치밀어 오르는데, 저는 아직도 분명히 얘기해요.
내가 화대비를 받으려는 게 아니고, 시간연장이 목적이었다
고. 어쨌든 같은 맥락으로는 돈 때문이 맞는데 엄연히 다른
거예요. 스쳐 지나갔다가 경찰이 나한테 했던 행동들 생각
나고. "야. 당신 죄인이야. 뭘 잘했다고 어디서 큰소리야. 뭐
이런 년이 거기서 일했지?" (경찰이?) 네. (규선)

(보도 일을 할 때 부당한 일 겪으면 어떻게 해요?) 그냥 언니들
한테 하소연하고. 그리고 실제로는 제가 성폭행당했을 때
경찰서가 바로 근처에 있으니까 가서 얘기를 했어요. 그랬
더니 그러냐고 그냥. (누가?) 거기 상담해주시는 분이? (경
찰이?) 네, 그냥 뭔가 너무 담담하게 얘기를 하셔갖고. 그리
고 저도 이제 보도가 불법인 거 아니까 뭔가 더 깊게 얘기를

---

*   규선이 설명하는 '화대비'는 성매매에 대한 대가, '시간연장'은 룸에서 접대
시간을 연장하는 비용이다. 유흥업소에서 정해진 시간(1~2시간) 이후에
도 손님이 업소에서 접대 유흥을 원할 때 지불하는 비용이 '시간연장비'다.

못 하겠더라고요. 서류 같은 거 있으니까 거기다 적으면 된다고, 그런 식으로 되게 무미건조하게 얘기해서 근데 서류를 적으면 제가 보도인 게 밝혀지니까, "아, 네" 그냥 그러고 나왔어요. 되게 그때 막 울음이 나오더라고요. 눈물 나면서. 그러니까 뭔가 누구도 나를 지켜줄 수 없구나, 그런 생각이 들었어요. 도와줄 수 없고. 되게 슬펐어요. (지선)

업주 등 업소 관리자들에게 남성 손님에 의한 여성 종사자의 인권 침해와 폭력 피해는 "귀찮은" 일이다. 도연은 "실제로 그런 진상이 났을 때 내 편은 아무도 없"었고 "대부분의 사람들은 귀찮아하고 내가 잘못한 거처럼" 생각한다고 토로한다. 누구에게도 인정받기 어려운 피해이지만 그럼에도 불구하고 여성 종사자들이 이를 유흥산업 외부로 고발하고자 했을 때, 경찰은 여성 종사자를 오히려 '죄인'으로 상정하고 성적 폭력의 피해자라고 믿지 않는다. 규선은 2차 성매매를 해본 적이 없고 접대 일만 해왔지만 경찰은 테이블 접대 일의 연장비를 성매매 대금으로 이해하고 규선에게 "죄인"이라며 호통치고 그를 무시했다. 지선은 경찰서 바로 앞에 즐비한 유흥업소들을 오가며 일했다. 그가 유흥업소 바로 앞의 경찰서에 성폭력 사건을 신고하고자 방문했을 때 경찰이 보인 "무미건조"한 반응, 등록된 유흥종사자로 일한 게 아니라 보도방을 타고 다니는 불법적인 아가씨라는 위치는 지선의 발길을 돌

유흥업소 위험의 외주화

리게 했다.

여성 종사자는 이와 같은 경험을 반복하며 유흥산업 내부 사람뿐 아니라 수사기관인 경찰조차도 내 편이 아님을 절감한다. 여성이 '접대'를 하는 한 국가는 피해를 피해로, 폭력을 폭력으로 인정하지 않는다. 유흥업소 관리자, 보도 실장, 남성 손님만이 여성 종사자에 대한 성적 침범과 같은 인권 침해를 상품으로 거래될 수 있다고 상정하는 것이 아니다. 한국 사회도 유흥업소를 공식적인 산업으로 인정하고 이들의 운영 방식을 방치하고 조장함으로써 여성 종사자의 폭력 피해 경험을 무시하고 고립시킨다. 이런 현실 속에서 여성들의 개별화된 위험 대응 및 자기보호 전략은 '강제된 선택'이다.

여성의 자기보호 전략과 한계

지금까지 본 것처럼 유흥산업의 '1차' 영업전략과 남성 손님의 '흥겨움'을 만들기 위한 종속적인 파트너 관계 속에서 여성 종사자는 상대적으로 취약한 위치에 머무른다. 업소 관리자와 보도 실장에게 책임을 물을 수 없는 유흥산업 전반의 분위기와 법 정책, 남성 손님의 부당하고 폭력적인 기대와 요구를 '허용'해야 하는 유흥업소 일의 속성 때문에 여성 종사자가 일을 하려면 여성 종사자 개개인의 개별화된 자기보호 전략은 필수적이다.

1) 유흥산업 관리자 선별하기

여성 종사자는 남성 손님과의 갈등 상황에서 자신의 편이 되어줄 것 같은, 최소한 여성 종사자의 말을 들어줄 것 같은 유흥업소 관리자를 선별하려고 한다. 내가 만난 인터뷰 참여자 대부분은 업소나 보도방을 옮길 때 유흥업소 구인구직 사이트를 이용하고 있었다. 앞서 보았듯이 유흥산업은 여성 종사자를 대량으로 공급하기 위해 사기와 기망을 서슴지 않고, 여성 종사자들 역시 유흥업소 구인구직 사이트에 기술된 내용을 신뢰하지 않는다.

> 선호도? 이 글이 실장들이 써요, 글을. 그게 착해 보이는 애들, 그나마 존댓말을 쓴다거나 글에서. (존대를 안 쓰는 애들도 있단 말야?) 네, 전화 받자마자 "일하러 가려 그러는데" [하면] "너 몇 살인데" 이런 애들도 있어요. 그니까 그런 애들은 저도 싫은 거죠, 나도. 한번 얼굴 보고 통성명하고 말 놓는 것도 아니고. 그게 싫으니까 말투가 착하거나 전화했을 때 존댓말을 쓰는 사람한테 갈라고 많이 하죠, 언니들이. (해수)

(사이트에서 찾을 때 제일 우선순위는?) 우선은 그 광고에 끌리는 멘트 이런 거. "바지 입고 이런 거 됩니다." 전화해서 그 사람 말투도 중요한 거 같아요. 같이 일하게 될 사람의 말투나 행동 같은 것도 중요한 거 같아요. (말투나 행동 보고 판단했을 때 대부분 맞았어요?) 맞는 데도 있고 아닌 데도 있었어요. (그래도 중요한 기준이네?) 공고를 보고 전화했는데 싸가지가 없으면 그 가게는 이미 아가씨를 무시하는 가게인 거예요. 손님이 얘기가 나오면 그거 가지고 아가씨를 막 대할 수 있는 가게인 거예요. 믿고 거르는 거죠. (스스로 터득한 거예요?) 네. 아가씨를 막 대하면 어쨌든 제 말을 믿어주지 않아요. 항상 진상이 있을 수도 있는 거고 돈을 못 받을 상황이 있을 수도 있는 건데 우선 저한테 잘해줘야 그 말이 통해요. (재민)

어떤 여성들은 보도 실장이나 업소 관리자의 "말투"와 "행동"에 집중한다. 돈을 쫓아 손님 편이 될 가능성이 높더라도 부당한 상황에서 손님으로부터 돈을 받으려면 실장, 업주와의 관계를 무시할 수 없다. 물론 이 전략은 거짓과 기망, 속임수가 만연한 구조 속에서 개인의 '인성'에 기대는 전략이므로 그 한계가 명확하다. 게다가 이런 전략의 구사는 유흥업소 구인구직 사이트의 홍보 문구가 모두 거짓이라는 사실을 인식한 뒤에야 가능하다.

3장. 유흥종사자의 아가씨노동

2) '초이스' 시간 활용하기

초이스는 남성 손님의 권한과 여성 손님의 위치성을 선명하게 구현하여 양측에 인식시키는 상징적인 의식이다. "여성과 현금이 교환되는 매매 그 자체의 순간"[27]이며 유흥업소가 '여성'을 판매하고 있음을 명백히 하는 순간이기도 하다. 여성을 외모로 선택하고, 그 선택에 따라 여성의 소득이 결정되는 '초이스'는 외모를 기준으로 여성을 차별하는 행태를 정상화하는 또 다른 장치임이 분명하다. 그러나 나윤은 여성을 '아가씨' 상품으로 만드는 이 순간을 자신을 보호하기 위한 시간으로 역전하고자 했다.

저는 약간 그런 거 있어요. 초이스 들어갈 때 방 분위기 파악하잖아요. 얘네가 나이대가 어느 정도고, 방 분위기가 별로겠구나, 괜찮겠구나도 보이고. 그래서 표정을 구겨서 쫓겨나야 하는지, 웃어야 하는지도 정할 수 있고. (나윤)

나윤에게 초이스는 외모를 기준으로 한 경쟁에 가속도를 붙이고 매 순간 긴장하게 만드는 과정이면서 동시에 "방 분위기 파악"을 할 수 있는 시간이다. 초이스가 된 뒤부터는 돈을 받을 때까지 계속 버텨야 하는 여성 종사자들에게 미리 방 분위기를 파악하고 "표정을 구겨서 쫓겨"날지를 스스로 선택할

유흥업소 위험의 외주화

수 있는 얼마 안 되는 순간이다. 초이스된 방을 포기하는 것도 여성 종사자들에게는 전략으로 인식되는데 이는 자신의 수익을 포기하는 것과 직결되므로 여성 종사자가 감당할 부분이 많은 전략이기도 하다.

3) 단순반복노동에 집중하기

알려주는 게 아닌데 다들 그렇게 해요 그럼 따라 하게 돼요. 왜냐하면 그거 하면 시간이 잘 가거든요(웃음). 말을 안 해도, 손님이랑 말을 안 해도 되는 거예요. "어, 오빠, 잠깐만" 하고 물을 닦으면 시간이 가는 거죠. 제가 뭐 할 게 생기니까. (그게 그럼 전략이기도 한 거네.) 그렇죠. 그니까 다 똑같이 하고 있는 거예요. 다 똑같이 쳐다보고, '어, 저거 하니까 시간 잘 가네'. (재민)

재민에게 테이블 위를 닦고, 술잔을 정리하고 얼음을 가는 반복적인 육체노동은 남성 손님의 심기를 불편하게 하지 않으면서도 "말을 안 해도 되는", 특별한 감정노동이나 의식적인 대화를 하지 않을 수 있는 시간을 만들어낸다. 남성 손님과 대화를 하지 않으면서도 남성 손님이 대접받고 있다는 감각을 만들 수 있는 이와 같은 노동을 통해 '감정노동'을 조금이라도 피할 수 있다. 여성 종사자가 해야 하는 반복적인 테이블에서의 수행들은 남성 손님과의 직접적인 신체적·감정적 접촉과 교류를 피하면서도 '접대'받는 감각을 만들어줄 수 있는 상대적으로 편한 일로 해석된다. 이러한 여성들의 해석은 반복적으로 테이블을 정리하고 잔을 닦고 비우기 위해 신경 쓰는 일이 정말 편하다기보다는 남성 손님이 기대하는 감정노동과 그들의 성적 침범이 여성 종사자에게 상당히 '힘든 일'로 경험되고 있음을 의미한다.

4) '방' 포기하기

여성 종사자들은 "진상 같으면 바로 나온다"거나 "돈 몇 푼 더 벌려다가 사고 난다"는 다른 여성들의 조언과 스스로의 경험 속에서 위험을 예감하면 즉시 방을 나오는 전략을 구사하기도 한다. 하지만 방을 나온다는 것은 약속된 테이블비를 포기하는 것이며 위험을 예감해야만 가능한 방법이고, 당장 경제적으로 절실해서 업소에 나왔다면 쉽지 않은 선택이다. 그리고 결국은 위험의 원인을 여성 종사자에게로 전가해버리는 논리이기도 하다. 여성이 방을 포기하지 않아서 위험이 발생한 것이고, 여성이 방을 포기해서 돈을 벌 수 없었다는 것이다. 무엇을 해도 모두 여성 탓이다.

사업체를 운영하는 여성 개인의 생존전략을 연구한 추지현은 여성들이 발생할 수 있는 범죄 피해를 예방하기 위해,

가해자들이 무기로 사용할 만한 물건을 멀리 두거나, 손님을 '욕심' 내지 않고 가려 받고, 아예 영업시간을 단축하는 전략을 구사한다고 분석한다.[28] 범죄 피해의 가능성을 알고 있음에도 늦은 시간까지 장사를 하고 모든 손님을 수용하겠다는 마음을 스스로의 '욕심'으로 해석하는 여성 자영업자들의 모습은 유흥업소 여성 종사자들이 손님방을 '포기'하는 맥락과 유사하다.

성적 폭력이 발생할 가능성이 높아서 수입이 절실한 여성 종사자나 처음 업소에 출근한 여성 종사자 등 취약한 위치의 여성들이 주로 들어가게 되는 '1 대 1 방(남성 손님을 여성 종사자가 혼자 접대하는 방)'을 피하고, 만취하지 않기 위해 남성 손님 몰래 술을 버리고, 시간연장에 '욕심'을 버리는 등 여성 종사자가 구사하는 이러한 자기보호 전략은 '강제된 선택'이자 전 사회적인 불평등한 젠더체계에 의해 강제된 것이다.[29]

5) 여성 간의 네트워킹

보령이 노래방에서 처음 일하게 되었을 때나 도연이 하드코어 업소에서 처음 일하게 되었을 때 유흥업소에서 해야 하는 자세한 일의 내용을 알려준 사람들은 같이 일하게 될 여성 종사자들이었다. 인터뷰 참여자들은 주변 사람을 통한 감시나 보호의 가능성에 대한 신뢰가 거의 없었다. 실장, 마담,

보도 실장, 업주 모두 내 편이 아니고 착한 업주나 실장의 기준은 접대에서 발생할 수 있는 침범 가능성을 자세하게 설명해주는 정도까지다. 보호까지는 기대하지도 않는다. 유흥업소의 다른 행위자인 업주, 웨이터, 실장 등은 모두 여성 종사자의 성적 지배 가능성을 전제로 한 술값, 손님의 팁에 기대돈을 벌기 때문에 남성 손님으로부터 여성을 보호할 만한 이해관계가 없다. 이것이 여성 자신만이 자기를 보호할 수 있는이유이다. 그나마 같이 방에 들어간 여성 종사자들이 서로 믿을 만한 사람으로 여겨지고, 여성들은 서로를 감시하고 서로를 보호한다.

(언니들이 술 빼는 거 걸렸다고 눈치 주지는 않아요?) 근데 한 번씩은 다 걸리기도 하고 아가씨들은 실제로 테이블비 못 받은 적은 없었던 거 같아요. 서로들 다들 안쓰러워한다고 해야 하나. 그렇기 때문에 다들 챙겨줘요. 서로서로. (지선)

여기['ㅋ알바']가 왜 뜨고 있냐면 이렇게 자기들끼리[여성들끼리] 이렇게 요런 커뮤니티가 있어서 자기들끼리 일이 있네, 없네 이런 얘기를 해요 익명으로. 여기 봐봐요. 산부인과 고민 얘기하고, 성형 얘기하고 이런 게 있는데, 이렇게지역을 들어가서 원하는 지역을 정하는 거예요. (해수)

유흥업소 위험의 외주화

음. 아우, 그냥 피붙이 같은 애들이죠. 응. 나는 원체 가족들이 없이 지냈기 때문에. 그니까 마음 안 맞는 사람들도 있겠지만 내가 진짜 동료라고 생각을 한다면 밥은 먹었는지, 일은 안 힘들었는지, 잘 지내고 있는지, 어디 아픈 데는 없는지, 어디에서 일하고 누구 밑에서 일하고 있는지 항상 궁금하고. 그게 가족하고 별반 다를 게 있나. 가족들에게도 안부 묻듯이 똑같이 묻는 사이. 그 일이 끝난다고 해서 끝나는 사이는 아닌 거죠. 왜냐면 그 고통을 아니까, 그 힘듦을 아니까. 근데 일반 사람들은 몰라. 그냥 지나가는 사람들은 모르거든요. (보령)

뭐라도 하나 알려줘서 같이 있을 때 좀 덜 그래야 할 거 같고. "감사합니다, 언니" 하면 약간 좀 뿌듯하고? (어떤 규칙들이 있어요?) 그 뭐 소소하게는 "옷 뭐 입으면 더 잘 어울릴 거 같은데"나, 아니면 그 콘돔 챙겼는지 확인하고, 젤 꼭 쓰라고 하고, 노래 뭐 트는지 알려주고, 그 눈치껏 손님들이 만지려고 할 때 그냥 앞으로 나오게 하는 거? 그거 저도 따라 했었고 손님들이 막 만지려고 할 때 구체적으로 이렇게 알려준다기보다 제가 이렇게 나서서 하면 개가 주의 깊게 보고 따라 하죠. (나윤)

2차가 필수인 풀살롱에서 보기 어려운 20대 초반의 나이로 일했던 재민을 제외한 다른 인터뷰 참여자들은 여성들 사이에서의 연대감을 틈틈이 표현했다.* 같은 방에 들어간 여성 종사자들은 일종의 공동체가 된다. "테이블 망하면" 모두 돈을 받을 수 없기 때문이다. 같은 이해관계를 가진 유일한 사람들로서 여성 종사자들은 서로의 눈치를 보며 성적 침범의 정도를 조율하고 지선의 말처럼 누군가 술 빼기 작업을 하다가 걸리면 "서로들 다들 안쓰러워"하는 마음으로 "서로서로" 챙겨주지, 눈치를 주지는 않는다.

여성 종사자들은 파편화된 채 개별적으로 위험을 관리하기 위한 자기보호 전략을 모색하고 구사하지만, 이러한 정보들은 온라인 공간을 통해 여성 종사자들 사이에서 환류된다. 해수가 보여준 구인구직 사이트 'ㅋ알바'가 오랜 강자인 '여○알바'를 제치고 인기를 얻은 이유는 여성들의 커뮤니티가 활성화되었기 때문이다. "산부인과", "성형" 등 유흥업소 일을 하면서 필요한 주제의 정보지만 사회적 낙인과 차별적인 시선 때문에 공개적으로 나누기 어려운 이야기들을 온라인에서

---

* 재민이 일했던 풀살롱은 1차 접대를 한 뒤 2차 성매매까지 하는 것이 필수적인 업종이다. 모던바나 노래방처럼 1차만 할 수 있는 가게를 시작으로 성산업에 인입되는 여성들이 많기 때문에 2차가 필수인 풀살롱에서 20대 초반의 재민은 상당히 어린 나이에 속했다고 한다. 재민은 자신이 속했던 풀살롱 상무 밑의 아가씨 집단이 '어린' 애들로 구성되어 있어 다른 여성들의 견제를 많이 받았다고 토로했고, 유흥업소에서 일을 하며 맺은 관계의 허망함을 토로했다.

유흥업소 위험의 외주화

네트워킹하며 공유한다.

여성들은 각 지역의 정보와 업소 정보, 단속 정보 등을 공유하면서 스스로를 보호할 수 있는 방책을 강구하고 더 나은 환경에서 일하기 위해 이동을 꾀한다. 어린 시절부터 다양한 성산업 업종에서 일해온 보령에게 동료 여성 종사자들은 "피붙이 같은 애들"이다. 이 연대감의 바탕에는 "일반 사람들은" 모르는 "고통", "힘듦"이 있다. 처음 유흥업소에서 일할 때 먼저 일하던 나이 있는 여성 종사자들이 남성 손님의 성적 침범으로부터 자신을 보호해준 경험이 있는 나윤은 스쳐 지나가는 다른 여성 종사자에게 직접적으로 위험에 대응하는 전략을 알려주지는 못하더라도 본인이 시범을 보이면 이를 자연스럽게 익힐 수 있기를 기대한다. 여성 종사자들은 이렇게 파편화되었지만 나름의 네트워킹을 통해 자기보호 전략을 습득하며 여성 종사자를 상품으로만 취급하는 유흥산업을 통과하고 있다.

업주도 내 편 아니라고 했잖아요. 근데 이게 1종은 합법이지만, 거기서 어느 정도의 스킨십이 가능하고 허용하고 어느 정도의 업무를 본다라는 개념이 없어요. 팬티 속으로 손이 들어오든지 말든지 그거에 대해서 어떤 정해진 틀이 하나도 없잖아요. 틀이 하나도 없는데 온전히 그 안에서 내가 조율을 하는 거잖아, 이 손님이랑. 근데 어쨌든 손님이고 남자고 난 여기서 거부권이 없고. 거부를 하려고 나온다고 해도 업주 입장에서 그걸 예쁘게 보지도 않으니까, 그리고 시간을 어떻게든 때워야 돈이 되니까 많이 참을 거란 말이에요. 그리고 기본적으로 이미 이렇게들 일하는 걸 보면서, 남들 일하는 걸 보면서 '나도 저 정도는 참아야지' 하는 생각을 다 할 텐데. (도연)

보도 실장, 유흥업소 업주 등 유흥산업의 관리자들은 여성 종사자를 일상적으로 속인다. 유흥업소에서 어떤 일을 하게 될지 같은 여성 종사자를 제외하면 솔직하게 말해주는 사람들이 없다. 이렇게 유흥산업이 여성 종사자를 대상으로 사기를 치는 이유는 여성 종사자가 피해를 보더라도 자신들은 어떤 책임도 지지 않기 때문이다. 유흥산업 내부에도 여성 종사자의 편이 없고, 유흥산업 외부도 마찬가지다. 수사기관인 경찰과의 대면 경험은 여성 종사자들이 '이 일'을 하는 한 누구도 내 편이 아니라는 고립감을 강화한다. 이런 환경에서 여성 종사자의 자기보호 전략은 협소할 수밖에 없다. "틀이 하나도 없는데 온전히 그 안에서 내가 조율을" 해야 한다. 여성들은 직관에 의지해서 업소 관리자를 골라내기도 하고 '초이스'라는 짧은 시간을 활용하기도 하지만 선택을 위해 마련된 사전정보는 제한적이다. 극심한 감정노동을 회피하기 위해 단순반복노동에 집중하기도 하고 술을 팔아야 한다는 압박

유흥업소 위험의 외주화

감에 '술작업'을 하기도 한다. 성적 침범으로부터 스스로를 보호하기 위해 아예 수익을 포기한다. 그나마 의지하고 믿을 수 있는 다른 여성 종사자들과 네트워킹을 통해 정보를 교류하지만 결국 룸 안에서 여성에게는 "거부권이 없고" "돈이 되니까 많이 참을 것"이기 때문에 그 한계는 명확하다. 이 한계는 유흥산업이 홀로 만들어낸 것이 아니라 전 사회적인 불평등한 젠더체계로 인한 한계이기도 하다.

'자유로운 일'로의 전환

(그때는 보도 일이었으면 출퇴근 관리를 하는 건 없었어요?) 네, 그거는 정말 좀 좋았어요. 왜냐면 결근비가 없고 지각비도 없고 그냥 내가 나가고 싶을 때 나가면 되는데, 그게 또 단점이, 압박이 없으니까 돈 필요할 때만 나가는 거예요. (그게 왜 단점이에요?) 응? 차라리 일이라도 계속하면 뭔가 압박이 있어서 일을 하면 돈을 얼마라도 벌잖아요. 근데 '어, 나 오늘 30만 원 벌었네' 하고 한 1주일 안 나가요. 그러면 단골도 안 생겨요. 그렇다고 해서 뭐 실장이나 업주들이 나도 얼굴을 못 알아봐. (보령)

2006년부터 티켓다방과 보도방, 집결지를 경험한 보령은 결근비와 지각비가 없고 "내가 나가고 싶을 때 나가"는 보도는 "정말 좀 좋았"지만 한편 그렇게 "압박이 없"기 때문에 돈 벌기가 힘들다는 점을 보도의 단점이라 해석한다. 결근비와 지각비는 유흥업소를 비롯한 성산업에서 여성들의 빚을 만들고 늘리고 유지하는 대표적인 장치다. 민하는 "결근비는 하루에 30, 40"만 원, 지각비는 한 시간에 "몇만 원 아님 돈 10만 원"이었다고 기억한다. 이와 같이 유흥업소가 여성의 출퇴근을 관리하기 위해 여성 종사자에게 부과하는 부당한 벌금 시스템은 보도를 중심으로 일해온 인터뷰 참여자들의 서사에는 등장하지 않았다. 반면, 유흥업소로부터 직접 선불금을 받고 지각비, 결근비를 지불해야 했던 정수와 민하에게 유흥업소에서의 일은 전혀 '자유로운 일'이 아니었다.

정수는 정확히 아가씨가 업소에 고용되어 있다고 인식했고 마담, 지배인 등 관리자들이 서사에 자주 등장했다. 정수에게 업소 일은 아무리 몸이 고되고 일을 할 수 없는 상태더라도 "항상 나가야 하고", "항상 그 시간에 일어나서 씻고 화장"해야 하는 "압박"이 심한 일이다. 민하는 여성 종사자는 마담에게 고용되어 있고 마담이 손님을 연결시켜주며 여성을 관리한다고 설명했다. 마담과의 명확한 종속관계를 바탕으로 유흥업소 일을 이해한다. 민하에게 유흥업소의 일은 출퇴근 관리도 엄격해서 "아가씨들이 술 취해도 일어나서 오고 그랬"고 "돌아가면서 쉬었을" 텐데 "많은 횟수는 아니었던" 환경을

유흥업소 위험의 외주화

전제로 한다. 빚이 거의 없었음에도 마담이 '밀방'*을 해주었기 때문에 마담의 관리가 강했고 마담의 요구를 거부하기 어려웠다고 회고한다.

반면 2010년 이후 유흥업소에서 일했던 인터뷰 참여자들은 유흥업소의 장점으로 출퇴근 자유를 꼽는다.

더 늦게 끝나는 날도 있고. 근데 출퇴근은 자유니까 힘들면 퇴근하고. (실장들이 출근 같은 거 관리하진 않아요?) 그런 건 안 하고 그냥 이제 문자 같은 거 한번 돌려. "출근하나요?" 이렇게. 그러면 답장만 해주면 돼요. 그리고 내가 밤일은 내가 원할 때 출근할 수 있다는 거와, 알바를 하면 내가 힘들어도 무조건 출근해야 한다는 거. (해수)

그리고 직장처럼 꼭 여기를 다녀야 하는 게 아니잖아요. 그것도 나의 자유고 내 선택이니까. 그게 가능하니까 밤일인거잖아요. 우선 출퇴근 자유, 근무일 자유, 음, 그냥 그런 것들이 다 그렇게 느껴져요. 일하고 싶을 때 일하고, 일하기 싫을 때 안 하고, 출근하고 싶을 때 출근하고, 퇴근하고 싶을 때 퇴근하고. 이건 되게, 그게 장점이죠, 밤일의. 돈을 많

---

* 마담이 자기 손님 방으로 특정한 여성 종사자를 넣어 초이스되도록 하는 행위.

이 버는 건 당연히 옵션으로 들어가는 거고. 그럼에도 출퇴근 자유랑 근무일 자유라는 게 진짜 그게 장점이죠. (재민)

장점은 늘 항상 그 사람들이 얘기하는 것처럼 시간이 자유롭다, 그나마? 내가 시간이 날 때 내가 나오고 싶을 때. 다른 일은, 직장 생활은 정해진 날, 시간 맞춰서 딱딱 와야 한다면 이것도 비슷하기는 한데 그래도 내가 쉬고 싶은 날 쉬고 나오고 싶은 날 나온다는 거? 그래도 선택을 어느 정도 자기가 할 수 있다는 거. (규선)

보도방을 통해 유흥업소에서 일해본 인터뷰 참여자 대부분과 빚이 없었던 참여자는 유흥업소 일의 장점으로 수입보다도 '자유'를 이야기했다. 이때의 '자유'는 출퇴근과 쉬는 날을 선택할 수 있는 자유다. 해수는 업소 일과 자신이 경험했던 다른 일을 비교했을 때 "원할 때 출근할 수 있다는 것"을 업소 일의 장점으로 꼽았다. 재민에게도 "나의 자유고 내 선택이니까. 그게 가능하니까 밤일"이라는 '자유'는 업소 일의 진짜 장점이다. 규선은 "내가 쉬고 싶은 날 쉬고, 나오고 싶은 날" 나오는 "선택을 어느 정도 자기가 할 수 있다"라고 말한다. 지정과 보도, 양쪽을 경험한 해수 역시 이 둘의 차이 중 하나로 출퇴근 자유 유무를 들기도 했다. 해수의 경우 "약간 출근 압박이 있"고 피곤해서 안 나가면 업주에게 "혼나"기 때문

유흥업소 위험의 외주화

에 지정 가게에서 나왔다. 유흥업소에서의 일이 '자유로운 일'로 해석되는 데는 어딜 가든 필요에 따라 출근할 수 있는 유흥업소 일의 높은 접근성과 특정 업소에서 일을 그만두고 싶으면 쉽게 그만두고 다른 업소로 이동할 수 있는 이동성이 큰 부분을 차지한다.

그냥 '여○알바'를 치면 다 있으니까 그렇게 가거나 영 '여○알바'가 지방에 거의 없으면 거의 신문? (《교차로》 같은 거?) 네, 신문? 내지 '밤○○'[성산업에 종사하는 여성들의 온라인 커뮤니티]?에서도 물어봤던 거 같아요. (도연)

꼭 손님이 더러운 지역이 있어요, 더--러운. 정말······. 신림 이런 데는 손님층이 어려요. 그니까 회사원들이 어린 거죠. 그런 데는 진짜 더럽게 놀고. (더럽게 노는 게 뭐야?) 만지고 막 성적인 발언하고 이런 식으로 더럽게 놀아요. 자기들도 옷 벗고 그러고 놀아요. 나는 보기 싫은데. (그러면 옮기는 거야, 지역을?) 네. (그렇게 해서 다른 데 간 데는 괜찮은 데 있었어요?) 어, 괜찮다기보다는 그냥 버틸 만한 데가 있는 거예요. (재민)

(보도의 장점은 뭘까요? 지정과 비교했을 때.) 음, 이 가게 저 가게 다 들어가니까 엄청 막 깊이 연을 맺을 일도 없고 그냥

나오고 싶을 때 나오고. 그 오래 일한 언니들은 손님이 삔찌 놓기 전까지는 안 나오긴 했는데 저는 그냥 나와버리고 그 랬죠. (나윤)

왜냐면 동네마다 이게 제가 안 맞으면 저 같은 경우에는 이 일이 아니다 싶으면 거기를 그만뒀다가, 다른 그냥 낮에 하 는 다른 제대로 알바를 구해서 하다가, 또 이제 상황이 안 좋아지면 또 다른 곳, 갔던 데는 이미 안 좋다는 걸 겪었기 때문에 또 다른 동네로. 이제 어떤 게 그쪽 일을 구하는 건 지 '알바○' 보면 아니까 동네를 바꿔 다녀봤거든요. (규선)

여성 종사자는 '자유롭게' 업소와 지역을 오간다. 유흥업 소에서 직접 빌려준 선불금만 없으면 여성들은 어디를 가든 어디에서든 유흥업소에서 일할 수 있다. 선불금을 빌려준 유 흥업소에 종속된 채 이동할 수 없었던 과거와 달리 나윤은 지 역마다 있는 보도방을 옮겨가며 일할 수 있었다. 규선 역시 하나의 보도방에 속해서 일하는 것이 아니라 선호에 따라 다 른 보도방들을 경험하며 적극적으로 이동해왔다. 여성 종사 자들은 생활정보지를 통해 구직을 하던 예전과는 달리 온라 인의 유흥업소 구인구직 사이트를 통해 손쉽게 업소를 찾는 다. 익히 말했다시피 유흥업소는 여성 종사자라는 상품이 충 분히 공급될수록 이득이다. 남성 손님들이 '초이스'할 수 있

211

는 여성은 많을수록 좋다. 업소 관리자들과 보도 실장들은 여성들이 출근한다고 해서 고정적으로 출근비를 지급할 필요나 책임이 없기 때문에 어떤 여성이든 일단 출근하면 이익이다. 게다가 스마트폰의 보급으로 여성을 자신의 업소에 고정시키지 않아도 언제든 여성들을 모집하고 출근 여부를 확인할 수 있다.

디지털 기술의 발달은 여성들을 개별 유흥업소에 종속시키지 않고도 유흥산업 전반을 통해 관리할 수 있는 기회를 제공했다. 여성 종사자들 역시 힘든 업소나 지역을 마주하면 다른 '기회'를 찾아 이동할 기회가 많아졌다. 이런 과정을 통해 여성 종사자들은 자신이 업소나 보도방에 묶여 있지 않고 언제든 자유롭게 이동할 수 있는 종속되지 않은 위치에 있다고 인식한다. 유흥업소는 이제 강제와 폭력의 공간이 아니라 언제든 내가 필요한 시간만큼 일하고 자율적으로 시간을 활용할 수 있는 공간으로 다르게 이해된다. 내가 원할 때, 원하는 만큼만 일하는 '유연한' 고용형태는 신자유주의 시대 노동의 유연화가 옹호하는 대표적인 고용 방식이다. 더구나 유흥업소에서는 웬만해서 '해고'가 없다. 남성 손님에 의해 방에서 쫓겨나는 일은 있어도, 유흥업소에서 여성 종사자를 아예 못나오게 하지는 않는다. 유흥업소 입장에서는 여성이 많을수록 남성 손님들이 방문하고 돈을 쓰기 때문이다.

여성을 개별 유흥업소에 종속시키기 위해 과거에 업소

관리자들이 구사하던 전략인 불법적인 선불금과 강제적인 감금, 폭력은 성매매특별법 제정 이후 피해야 하는 방법이 되었다. 이제 유흥업소 관리자들은 '강제', '폭력'의 흔적을 찾기 어려운, 즉각적인 수입을 얻을 수 있는, 여성이기만 하면 할 수 있는, '쉽고 자유로운 일'로 유흥업소 접대 일을 홍보한다. 유흥업소가 접대 일을 홍보하면서 활용하는 이와 같은 수사는 낮은 임금과 불안정한 고용으로 만성적인 빈곤을 경험하고, 지지적인 가족 자원 없이 양극화된 빈곤을 극복할 수 없는 현실을 마주하고, 현재를 유예해 미래를 계획한다고 해도 안정적인 삶의 계획이란 불가능하다는 사실을 절감하는 20대 여성 종사자들에게 매력적으로 다가온다.[30]

> 자유롭다고 써 있고, "시간대 언제든지 자유롭게 친구랑 함께 나오면 환영" 이렇게 돼 있고. 그리고 뭐 되게 달콤한 말들 많이 해요. 만약에 지금 방학 시즌이면 "친구랑 나와서 뭐 여행비 잠깐 며칠하고 여행비 벌어 가요" 이렇게 뭐 그런 식의 멘트나 일단 페이, 돈이 2만 원, 3만 원 이렇게 시작하면 무조건 노래방 보도예요. (규선)

해수가 요즘 유흥업소 종사자들 사이에서 인기가 높다고 소개해준 유흥업소 구인구직 사이트 'ㅋ알바'의 광고 글에는 공통적으로 "출퇴근자유" "당일지급" "초보환영" "고소득

유흥업소 위험의 외주화

보장"이라는 홍보 문구가 적혀 있다.[31] 규선은 유흥업소 구인 구직 사이트를 들어가지 않더라도 '알바○국' 같은 일반 구인 구직 사이트에서 충분히 보도방 홍보글을 골라낼 수 있다고 설명한다. 바bar 일자리인 것처럼 등록해두었지만 "자유롭게" "시간대 언제든지"가 적혀 있거나 "돈이 2만 원, 3만 원"으로 높으면 그곳은 보도방이다. 이제 유흥업소는 스스로를 '자유로운 일터'로 위치시킨다. 술작업, 남성 손님을 '갑'으로 만들기 위한 온갖 노동, 접대 과정에서 강제되는 신체성과 부정적인 감정 처리 등 유흥업소 접대 과정에서 여성 종사자들이 강제적으로 따라야 하는 자유롭지 않은 조건들은 '자유로운 일'이라는 수사에 감춰진다.

앞서 인터뷰 참여자들은 접대 과정에서의 자신을 "노예", "시중", "을"로 묘사한 바 있다. 그와 동시에 이들은 유흥업소 일을 "자유"롭다고 표현하는데, 이때의 '자유'는 '출퇴근의 자유' 혹은 유흥산업 내부에서의 '이동의 자유'를 뜻한다. 면접 참여자들은 일했던 시기와 업종을 불문하고 고정급이 있으면 어떨 것 같냐는 질문에 손사래를 쳤다.

오히려 나는 별로일 거 같아요. (왜?) 고정급이 한 달 300만 원인데 내가 300만 원만큼 일을 못했으면 되게 그럴 거 같아. (마음이?) 응. 그냥 막 업주가 괜히 쫄[쪼아댈] 거 같고. (자유로운 건가?) 지금 하는 게? 그렇죠. 월급이 없고 고정급이 없기 때문에. 고정급 있는 데도 있긴 있어요. 근데 거기는 출근을 회사처럼 해야 되기 때문에. 그런 것보단 나는 그냥 차라리 내가 일해서 그냥 내 돈 잡는 게 낫다? (해수)

고정급을 경험했던 정수 역시 비슷하게 말했다. 정수는 술도 마시고 성매매도 하는 가게에서 고정급을 받고 일을 했는데, 그때 "기본급이라는 명목하에 묶어놓고서 그런 식으로 돈을 착취를 하는" 상황이 "더 지옥"이었다고 기억하기도 했다. 어떤 계약서도 없이, 업소로부터 따로 취하는 이득이 없는 환경에서도 업소의 술작업 압박을 받은 경험, 업소 관리자와 보도 실장 모두 내 편이 아니고 돈을 지불하는 손님 편임을 확인한 경험은 면접 참여자들에게 업소로부터의 조금의 종속성이라도 피하고자 하는 욕구를 만들어냈다.

다시 말해 출퇴근의 '자유'는 유흥업소에서 여성에게 허용된 유일한, 그리고 제한적인 자유다. 그러나 업소에 종속되어 비상식적인 결근비와 지각비를 감당해야 했던 과거와 비교했을 때, 출퇴근의 '자유'는 여성 종사자에게 포기할 수 없는 자유로 의미화된다. 그러나 이 '자유'가 유흥업소의 홍보 문구가 되고, 접대 과정에서 발생하는 위험에 대한 책임을 여성 종사자에게 외주화하는 데 일조한다면, 이는 "'자유'의 소망 위에 세워진 '구조적 폭력'"에 불과하다.[32]

법적 개입의 어려움

법은 대안이 아니지만, 법은 중요하다. 유흥산업에서 발생하는 폭력적 상황을 해결하기 위한 방책으로 '법적 해결', 법·정책적 변화에 대한 고려를 하지 않을 수는 없다. 버닝썬 사건은 버닝썬에서 발생한 사건들의 불법성, 범죄의 이름을 중심으로 이야기되어왔다. N번방 사건에 대한 문제 제기 역시 N번방의 참여자와 운영자를 제대로 처벌하기 위한 N번방 방지법을 중심으로 논의가 모아졌다. 워낙 여성을 향한 폭력에 대한 공적 처벌이 미비하고 피해 사실을 의심부터 하는 사회적 분위기 속에서 법을 통한 변화는 무엇보다 중요하게 거론된다. 재판에서 무죄면 죄가 없고, 유죄면 죄가 있는 것이 되는 것처럼 사회의 윤리가 법적 판단을 중심으로 구성되는 경향도 무시할 수 없다.

유흥산업의 일상화된 폭력을 정당화하는 사회에 일침을 가할 만한 법적 개입에는 어떤 것이 있을까? 만약 유흥종사자라는 직군을 규정하고 있는 식품위생법 시행령을 삭제하거나 유지, 수정한다면 어떨까? 유흥종사자 조항의 삭제는 성차별적인 현재 법조항을 한국 사회가 공식적으로 문제적이라고 인정한다는 면에서 의미 있는 시도일 수 있다. 그러나 남성들이 여전히 여성 종사자의 아가씨노동을 기대하며 여성 종사자의 존재를 전제로 높은 술값을 지불한다면 유흥업소 관계자들은 법조항 유무와 상관없이 여성을 통한 '접대'의 상품화를 개발·유지·확장할 것이다. 아레나, 버닝썬과 같은 강남의 클럽들처럼 여성 종사자를 고용하지 않되 여성과 남성 손님을 다른 목적으로 관리하고 여성을 침범 가능한 위치로 추락시켜 수익을 창출할 가능성도 무시할 수 없다.

유흥산업은 자본주의 사회의 운영법을 철저히 따르고 있는 산업이다. 여성의 상품화가 고도로 정상화된 한국 사회에서 여성의 상품화로 벌 수 있는 경제적 이익이 그로 인한 손해보다 높고, 이에 별다른 처벌이나 규제, 손해가 없기 때문에 유흥산업이 유지된다는 사실을 기억하자. 국가가 지금까지 유흥업소를 관광산업, 세금 수입 영역 등 이익 창출의 장소로 관리해온 역사를 반추해보면, 정부는 유흥종사자 제도를 폐지하기보다는 공식적인 상품화의 범위를 확대해, 유흥종사자의 범위를 '부녀자'에서 '사람'으로 바꿀 가능성이 있다. 그럴 경우 유흥업소는 지금까지 해왔듯이 여성 종사자를 통해 이익을 창출할 것이다. 기업 역시 접대를 통한 '비즈니스'가 정상화된 한국 문화에서 세금 면제까지 받는 '접대비'를 쓰지 않을 이유가 없을 것이다. 그렇기 때문에 '부녀자'를 '사람'으로 바꾸는 방안은 대안이 될 수 없다.

또는 여성 종사자의 노동자로서의 권리를 확보하자는 제안도 등장할 수 있다. 법적 근로자의 위치를 획득하기 어려운 현행법의 한계와 별개로, 여성 종사자도 '노동자'이므로 법에

유흥업소 위험의 외주화

서 보장하는 노동자의 권리를 획득하자는 주장 역시 등장할 수 있다. 유흥업소 종사자의 노동권을 강조하는 방향은 유흥업소의 야간노동에 대한 규제, 근로시간과 휴식시간의 배치에 대한 요구, 성적 침범을 당연시하지 않고 손님에 의한 성적 침범과 고용인에 의한 성희롱을 직장 내 성희롱과 추행으로 문제시할 가능성이 있다고 본다.[33] 그러나 사용자와 근로자가 1 대 1로 대응하는 종속관계를 전제로 한 한국 법체계상의 노동자 범위는 매우 협소하고, 플랫폼노동을 비롯해 다양한 대면관계 속에서 발생하는 서비스노동 현장의 실태를 반영하지 못한다.* 또한 최근 대두된 서비스노동에서의 감정노동자 보호법(산업안전보건법 제41조)은 회사의 책임을 강화하는 방향을 강조한다. 그러나 유흥업소의 접대 과정에서의 종속성은 업주가 아닌 남성 손님과의 관계에서 뚜렷하게 드러난다. 분명한 고용인이 부재하고 사용자인 남성 손님과의 권력관계가 노동 환경 및 수익을 결정한다는 특수성을 고려하면 이를 적용하기엔 역부족이다.

유흥업소의 문제를 노동의 관점으로 접근하는 데 가장 큰 걸림돌은 아가씨노동의 특수성이다. 유흥업소에서 남성 손님이 구매하고자 하는 상품의 영역은 여타 서비스노동 직

---

* 유흥종사자의 전반적인 노동의 틀은 업종에 따라 구분되지만 앞서 살펴보았듯이 룸 안에서의 직접적인 업무 지휘는 손님의 몫이고, 근무 장소와 시간 지정은 보도방, 업주, 손님이 복합적으로 결정한다.

군과 비교할 수 없는 범주를 포함한다. 유흥업소의 접대노동은 다른 상품을 판매하기 위해 친절함이 필요하다거나 돌봄과 같은 특정한 '서비스'를 제공하는 것이 아니다. 접대에서의 아가씨노동은 남성 손님을 '갑'으로 만드는 '을'로서의 모든 행위로 구성되어 있다. 남성 손님들은 여성 종사자를 향한 인권 침해와 모욕, 물리적인 침범과 이동의 부자유를 포함한 여성 종사자에 대한 통제 권한 전반을 살 수 있다고 기대하고, 그래야 돈을 지불한다. 그 내용에 변화를 꾀하지 않는다면 '노동자성'을 쟁취하더라도 남성 손님과 여성 종사자 사이의 갑을관계는 변함없을 것이다.

법적 처벌을 통한 변화는 어떨까? 법조항의 유무, 합법/불법성과 상관없이 유흥산업 자체에 대한 적극적인 규제가 병행되지 않는다면 수사기관의 입맛에 따라 처벌 여부가 결정되는 현재 성매매산업과 마찬가지의 한계에 도달하게 된다. 검찰 내부의 성접대 사건에 대한 수사 결과를 밝히면서 검사가 "돈 주고받고 호텔까지 올라갔다고 해서 이게 성매매가 기소되는 게 아니"라고 해명하는 것이 작금의 현실이다.[34] 유흥업소를 통해 물질적 이득 얻는 관리자들, 갑이 되는 감각을 '구매'하는 남성 손님처럼 제각기 이익을 얻는 유흥산업의 공모자들에게 여성 종사자의 접대를 통해 얻는 이익보다 불이익이 커지지 않는 한 이와 같은 상황은 변하지 않을 것이다. 예를 들어, 기업의 접대비 손금계산에 유흥업소에서의 접

유흥업소 위험의 외주화

대비를 불포함한다거나, 경찰이나 검사를 대상으로 한 유흥업소 접대는 성매매 유무와 상관없이 뇌물로 강도 높게 처벌하는 방법은 고려해볼 법하다.

이렇게 법적 개입의 어려움을 굳이 짚는 이유는 법을 중심으로 대안을 상상하는 방식이 뿌리는 건드리지 못하고 줄기들만 치는 결과를 초래할 수 있기 때문이다. 정말 바뀌어야 할 본질, 뿌리는 종속적인 (성별) 권력관계와 이를 합리화하는 경제 논리다. 이 둘을 건드리지 않고 해결책은 없다.

답을 찾아가는 여정 위에서

이 책은 아무렇지 않게 '유흥'이라는 이름을 붙여온 성별화된 즐거움이 어떻게 가능했는지 답을 찾아가는 과정에서 쓰였다.

나의 친구들은 다양한 직군에 종사한다. 각자 일하는 분야도 다르고 속한 조직의 체계도 다르건만, 고객이나 상사에 의한 성적 폭력을 공통적으로 경험하곤 했다. 특히 사회 초년생이거나 상대적으로 낮은 위치에 있을 때 성적 폭력 피해가 잦았다. 사실 함부로 해도 괜찮은 여성과 보호받아 마땅한 여성을 명확하게 구분하는 선이란 없다. 대체로 그 기준은 제멋대로인데, 그래도 상대방이 자기보다 더 큰 힘을 갖고 있는 사람인지를 가늠해보고 침범을 적극적으로 하거나 좀더 조심하는 정도로 보인다. 타자를 통해 남자가 된다. 타고나기를 남자로 태어나는 것이 아니다. 타자(여성)를 멸시하고 혐오하고 한 단계 낮춰보고 내 마음대로 할 수 있는 약한 타자로 다룸으로써 이와 상반되는 통제권을 쥐고 있는 힘있는 자인 남자로 탄생한다. 남자-되기의 공간은 특별한 곳에 고립되어 있지 않고 평범한 일상 곳곳에서 형성된다. 버닝썬과 N번방, 벗방, 단톡방, 유흥업소는 셀 수 없이 많은 남자들의 방 중 일부에 불과하다.

　여성에 대한 폭력은 가부장 사회를 운영하는 핵심 원리이기 때문에 지극히 보편적이다. 그러나 그 폭력을 일상화하고 무마해버리는 전략들과 장치들은 구체적인 특징을 갖고 있다. 손님/상사/남성에게 종속되어 순종하고 심기를 건드리지 않고 관계의 통제권을 순순히 넘겨야 하는 상황, 분위기를 훈훈하게 만들기 위해 자연스럽게 정서적 역할을 요구받는 상황, 원치 않는 성적 침범과 괴롭힘이 빈번한 상황, 그럼에도 이를 농담으로 받아넘기라는 압박은 한국 사회에서 여성으로 살아온 이들에게 그리 낯선 경험은 아닐 것이다. 특히 특정한 권력관계 안에서 누군가를 접대하고 돌봐야 하는 직군에 있었던 사람이나 손님을 응대해야 하는 여성 대면서비스노동자들에게 유흥업소 여성 종사자의 경험은 맞닿는 지점이 꽤나 있으리라 본다.

　그럼에도 불구하고 내가 유흥업소의 특수성에 집중한 이유는 특히 이 공간에서는 여성에 대한 폭력이 '일'로 당연하게 여겨지기 때문이다. 나는 유흥업소 여성 종사자의 경험을 곱씹을 때마다 성희롱, 성추행, 성폭력이 무화되는 이 공간의 특수성에 대해 고민하게 된다. 성매매라는 사회적 현상은 여성에 대한 차별, 혐오와 연결선상에 있으면서도 특수한 속성을 띤다. 남자와 여자를 구별하고 후자를 종속시키는 힘을 가질 때 진정한 남자라는 인식 속에서 성매매는 싹을 틔운다. 여성을 마음껏 성적으로 대상화해도 되는 특정한 분위기와 구조 속에서 거리낌 없이 여성을 멸시하고 자기 멋대로 성적 대상화해 침범한다. 유흥산업을 비롯한 성매매산업은 여성을 멸시하고 혐오하는 행위가 돈을 지불했다는 이유로 평범하게 여겨지는 특정한 장소이고, 그 특정한 장소가 평범한 일상이 되어버린 게 한국 사회다.

"그래서 대안이 뭔가요?" "어떻게 해야 바뀔 수 있을까요?" 강의에서 유흥업소를 비롯한 성매매산업의 현실을 이야기하다보면 마지막에는 꼭 해결 방안에 대한 질문이 나온다. 나 역시 아무래도 현장에 개입하는 활동가이다보니 적절한 대안을 제시하고 같이하자고 선동해야 할 것 같은 강박이 있다. 어떻게 해야 일상이 된 폭력을 추방할 수 있을까? 여성을 멸시하고 혐오하는 남성들의 즐거움이 과연, 바뀔 수 있을까? 말로 하자면 못할 게 뭐 있겠냐마는 현실적인 로드맵을 그리기엔 여전히 부족함만 느낀다.

다행히 언제나 그러했듯 여성들은 계속 자신의 목소리를

내고 있다. 삶을 무너뜨릴 기세로 퍼붓는 혐오와 낙인의 공세에도 불구하고 성판매 경험 여성들은 사회를 향해 자신의 목소리를 외친다. 사회를 바꾸고자 저항하는 페미니스트들은 멈추지 않고 움직인다. 성매매 여성을 비롯해 성산업에 종사하고 있는 여성을 향한 낙인과 혐오에 맞서 같이 싸우는 실천이야말로 '남자들의 방'을 무너뜨릴 수 있는 가장 큰 힘일 것이다.

1장. 남자들의 방

1 법제처는 '2019 차별법령정비'를 통해 유흥종사자에 남성을 포함할
것을 권고하기도 했다. 그러나 남자들이 집단적으로 방문하고
여성들이 그들의 흥겨움을 위해 일하는 유흥업소 '유흥'의 속성이
바뀌지 않는 한 유흥업소의 성차별성은 변화하지 않는다.

2 2019년 5월, 법무부 검찰과거사위원회는 검·경의 부실 조사를 사건
은폐의 원인으로 지적했으나 성접대의 일시 및 장소 등을 특정할 수
없다며 성범죄 재수사 권고를 하지 않았다.

3 성접대 혐의는 공소시효가 지났다는 이유로 무혐의 처분되었고,
2021년 6월 10일 대법원은 뇌물수수혐의 역시 증언의 신빙성을
인정하기 어렵다는 이유로 파기환송했다.

4 2020년 9월 5일 검색 기준.

5 2020년 현재 삭제. 2019년 검색 결과.

6 https://www.youtube.com/watch?v=w8O7es883Ao.

7 린다 맥도웰, 《젠더, 정체성, 장소》, 여성과 공간 연구회 옮김,

한울아카데미, 2010, 25쪽.

8 김주희, "'버닝썬 게이트'와 '테이블'의 성경제", 〈쟁점포럼 선을
     넘은 남자들, 벽을 깨는 여자들: 룸, 테이블 클럽의 성정치〉 발표문,
     서울국제여성영화제.

9 최나욱, 《클럽 아레나》, 에이도스, 2019.

10 권김현영, 《늘 그랬듯이 길을 찾아낼 것이다》, 휴머니스트, 2020.

11 서동진, 〈주목경제시대의 스펙터클: 시각예술의 관객, 소비자〉,
     《월간미술》 제391호, 2017, 86쪽.

12 김예란, 〈리액션 비디오의 주목경제 K-POP의 지구적 생산과 소비를
     중심으로〉, 《방송문화연구》 제24호, 2012.

13 김애라, 〈십대여성의 디지털노동과 물질주의적 소녀성〉,
     《한국여성학》 제32호, 2016, 재인용.

14 김주희, 같은 글.

15 2021년 8월 12일 군사법원은 승리의 모든 혐의(성매매 알선,
     성매매, 성폭력범죄의 처벌 등에 관한 특례법 위반(카메라 등 이용
     촬영), 상습도박, 외국환거래법 위반, 식품위생법 위반, 업무상 횡령,
     특정경제범죄 가중처벌 등에 관한 법률 위반, 특수폭행교사 혐의)를
     유죄로 판단하고 징역 3년, 추징금 11억 5,690만 원을 판결했다.
     승리는 2021년 8월 25일 재판 결과에 항소했다.

16 서울시장 성폭력 사건 피해자 지원단체 한국성폭력상담소·한국여성의
     전화, 〈[보도자료] 서울시 진상규명 조사단 발표에 대한 입장 "'그
     분'의 기분을 좋게 만드는 것이 '그 분들'의 이익이었다"〉, 2020년 7월
     16일 자.

17 정희진, 〈편재(遍在)하는 남성성, 편재(偏在)하는 남성성〉, 《남성성과
     젠더》, 자음과 모음, 2011, 16쪽.

18 김현미, 〈젠더와 사회구조〉, 《젠더와 사회》, 동녘, 2014.

19 정희진, 〈한국 남성의 식민성과 여성주의 이론〉, 《한국 남성을
     분석한다》, 교양인, 2017.

20 우에노 지즈코, 《여성혐오를 혐오한다》, 나일등 옮김, 은행나무, 2012.

21 R.W. 코넬, 《남성성/들》, 안상욱·현민 옮김, 이매진, 2013.

22 20~30대 남성 중 근대 남성성과는 다른 남성 모델을 지향하는
    남성성을 '하이브리드 남성성'으로 범주화하고 이들의 변화가 젠더
    질서에 대한 저항의 가능성으로 이어질 수 있을지를 탐색한 김엘리에
    따르면 20~30대 남성이 기존 남성문화와 단절을 위해 수행하는
    대표적인 행위로는 "성매매를 지속하는 친구와의 단절, 여성혐오를
    발설하는 SNS 끊기가 있다. 이성애 남성동성사회에서 형성된
    남성과의 동맹관계를 멈추는 것이다". 김엘리, 〈카키, 카무플라주,
    하이브리드 남성성: 포스트근대의 군사적 남성성〉,《그런 남자는
    없다》, 연세대학교 젠더연구소 엮음, 허윤·손희정 기획, 오월의봄,
    2017, 158쪽.

23 윤김지영 건국대학교 몸문화연구소 교수는 "남성 무리에서 약하다고
    배제되는 남성일수록 여성을 착취하는 데 집착한다"라며 "현실에서
    무시받는 남성들은 온라인에서라도 남성성을 인정받으려고 한다.
    자신보다 약하다고 믿는 여성을 대상으로 정복욕을 분출한다"라고
    말했다. 온라인 성착취를 실시간 신고하는 여성단체 '텔레그램
    성착취 신고 프로젝트 ReSET'도 "지금까지 확인한 가해자 대다수는
    현실에서 떳떳한 성취를 이뤄본 적 없는 남성들"이라며 "현실에서
    도망간 그들이 부담 없이 정체성을 드러낼 수 있는 온라인으로
    숨어든 것"이라고 분석했다. 특별취재팀(with 추적단 불꽃), 〈'약한'
    남성일수록 성착취에 집착한다〉,《국민일보》, 2020년 3월 12일 자.

24 손지민, 〈"유출되면 끝 ㅋㅋ"… 알면서도 못 끊는 단톡 성희롱〉,
    《서울신문》, 2020년 2월 2일 자.

25 "[재판정] '로이킴·에디킴 입건…'펌 사진'도 처벌받나요?", 〈김현정의
    뉴스쇼〉, CBS라디오, 2019년 4월 9일 자.

26 윤보라, 〈디지털 거주지(digital dwelling)와 성폭력: '카카오톡 단체
    채팅방 성희롱 사건'을 다시 보기〉,《페미니즘 연구》제20호, 2020.

27 윤보라, 같은 글, 144쪽.

28 최태섭,《한국, 남자》, 은행나무, 2018.

29 김학준, 〈웃음과 폭력: 혐오 없는 웃음은 가능한가〉,《그런 남자는
    없다》, 연세대학교 젠더연구소(편), 허윤·손희정 기획, 오월의봄,

2017.

30   진경선·김수연·정유경·송현주·송민, 〈단체카톡방 언어성폭력에 대한
      태도 연구〉, 《한국심리학회지: 여성》 제22권 제2호, 2017.

31   권김현영, 《늘 그랬듯이 길을 찾아낼 것이다》, 휴머니스트, 2020.

32   김수아·이예슬, 〈온라인 커뮤니티와 남성-약자 서사 구축: 여성혐오
      및 성차별 사건 관련 게시판 토론의 담론 분석을 중심으로〉,
      《한국여성학》 제33권 제3호, 2016.

33   조윤영, 〈반성문만 79차례 조주빈…"상식이 색안경될 수도"〉,
      《한겨레》, 2020년 9월 2일 자.

34   당연히 대가를 받기로 했다고 해서 모든 행위나 상황, 환경에
      '동의'했다고 간주할 수 없다. 성매매 현장에서의 '동의'를
      비롯한 동의와 비동의 문제에 대한 내용은 다음을 참고할 것.
      한국성폭력상담소, 《16세 이상의 동의》, 한국성폭력상담소, 2020.
      '동의' 개념의 여성주의적 전환에 대한 내용은 다음을 참고할 것.
      밀레나 포포나, 《성적 동의》, 함현주 옮김, 마티, 2020.

35   성매매알선 등 행위의 처벌에 관한 법률 제21조(벌칙) ① 성매매를
      한 사람은 1년 이하의 징역이나 300만원 이하의 벌금·구류 또는
      과료(科料)에 처한다.

36   성폭력범죄의 처벌 등에 관한 특례법 제14조(카메라 등을 이용한
      촬영) ④ 제1항 또는 제2항의 촬영물 또는 복제물을 소지·구입·저장
      또는 시청한 자는 3년 이하의 징역 또는 3천만원 이하의 벌금에
      처한다. 〈신설 2020. 5. 19.〉

37   이승주, 〈집단적 성구매를 통해 구축되는 남성성과 남성들 간의
      관계맺기〉, 이화여자대학교 대학원 석사학위논문, 2009.

38   신동원, 〈성구매 행위와 남성 성문화〉, 숙명여자대학교 대학원
      석사학위논문, 2005.

39   이와 같은 임의적 범주화는 기존의 디지털 성폭력, 온라인 성폭력
      등 디지털 기기 및 온라인 공간에서 발생하는 성폭력을 정확히
      명명하고자 하는 여성운동의 시도에 기대고 있다. 사이버성폭력은
      디지털 성폭력, 온라인/인터넷 기반 성폭력, 성적 이미지 조작/

착취 성폭력, 온라인기반 성매매, 온라인상의 성적 괴롭힘 등을 포함하는 개념으로 사이버공간에서 발생하는 젠더 폭력, 예컨대 불법 도촬, 비동의 유포 성적 촬영물 등 디지털 촬영기기로 촬영한 촬영물을 사이버 공간에 유포하는 성범죄가 대표적이다. 한국성폭력상담소부설연구소 울림·한국사이버성폭력대응센터, 《사이버성폭력피해자 지원을 위한 안내서》, 서울특별시, 2017. 디지털 성폭력은 디지털 기기 사용에 좀더 초점을 맞춰 유포가 이뤄지지 않은 불법촬영을 포함해 현행 성폭력 처벌법상 카메라 등을 이용한 촬영죄에 맞닿아 있다고 볼 수 있다. 서승희, 〈사이버 성폭력 피해의 특성과 근절을 위한 대응방안〉,《이대 젠더 법학》제9권 제3호, 2017. 온라인 성폭력은 성적 대상화를 이용한 여성 대상 폭력으로 개념화되는데, 여성의 신체 또는 성적 이미지를 이용한 폭력, 성적 비하나 모욕, 원치 않는 성적 접근 등 온라인상에서의 성적 괴롭힘, 온라인 그루밍이나 스토킹 행위를 포함한다. 장다혜·김수아,《온라인 성폭력 범죄의 변화에 따른 처벌 및 규제 방안》, 한국형사정책연구원, 2018, 최란(2019) 재인용. 디지털 성산업과 성폭력의 경계는 명확하지 않지만, 이윤을 창출하는 활동이 주목적일 경우, 이윤 창출의 장치와 전략에 주목하기 위해 디지털 성폭력과 성산업을 구분해서 보았다.

40 성매매업소 광고, 성매매에 대한 정보, 후기게시판 등이 하나의 사이트에 입점해 있어 '성매매 포털 사이트'로 보는 것이 적절하지만, 이 글에서는 남성들이 자신의 성구매 감상을 나누는 장소라는 의미에 집중하기 위해 '후기사이트'로 명명했다.

41 최근 1년간 성구매 행위 시 동반자 유형을 나타낸 것이다. 우선 유사성교행위의 경우, 친구(40.8%)가 가장 많았고, 직장 동료(30.7%), 혼자(19.8%), 거래처 담당자 등 업무적으로 아는 사람 (7.4%)순으로 나타났다. 다음으로 성교행위의 경우, 유사성교행위와 마찬가지로 친구가 37.2%로 가장 많았고, 직장 동료(31.0%), 혼자(21.6%), 거래처 담당자 등 업무적으로 아는 사람(8.8%)순으로 나타났다.

42 민가영, 〈성매매를 통한 친밀함의 모방: 성매매와 성매매 아닌 것의

경계를 히무는 착취〉,《한국어성학》제35권 제1호, 2019.

43 최태섭,《한국, 남자》, 은행나무, 2018.

44 이은영, 〈유흥업소 업주들 "정부 조치 따랐는데 업종 차별… 집합금지
    풀어달라"〉,《조선비즈》, 2020년 9월 14일 자.

45 ""룸살롱에 재난지원? 없애도 모자라" vs "강도 취급하나?"",
    〈김현정의 뉴스쇼〉, CBS라디오, 2020년 9월 24일 자.

46 2015년 5월 31일 행정자치부 공공데이터 포털 기준. 폭넓게 잡은
    집계지만 일반음식점으로 등록되었으나 유흥종사자가 있는
    유흥업소들(맥주와 양주를 판매하면서 성매매가 이루어지는 작은
    규모의 업소인 맥양주집 등)은 집계되지 않았을 것이므로 실제
    유흥업소는 집계 숫자보다 많을 것이다. "전국 유흥주점 수는
    42,284개로 룸살롱 15,506개, 단란주점 13,706개, 기타 유흥주점
    5,067개, 간이주점 3,813개, 카바레 1,541개, 비이(바) 살롱 1,324개,
    스탠드바 632개, 고고(디스코)클럽 404개, 관광호텔나이트 134개,
    요정 123개, 극장식당 22개"라고 한다. 이 외에 지역별 분포는 다음을
    참고할 것. 한국형사정책연구원,《조직범죄단체의 불법적 지하경제
    운영실태와 정책대안 연구(Ⅱ)》, 한국형사정책연구원, 2015.

47 2010 국세청 국세통계 4.4.6 거주자의 사업소득 원천징수 신고
    현황표, http://kosis.kr/statHtml/statHtml.do?orgId=133&tblId
    =DT_133N_A445&vw_cd=MT_ZTITLE&list_id=133_13301_200_4
    0_40&seqNo=&lang_mode=ko&language=kor&obj_var_id=&
    itm_id=&conn_path=MT_ZTITLE. 2007년 여성가족부의 성매매
    실태조사에서는 일반유흥주점업 117,664명, 무도유흥주점업11,251명,
    간이주점업 112,109명, 노래방운영업 34,890명으로 총 263,216명의
    여성이 종사하고 있다고 파악한 바 있다. 여성가족부,《2007 성매매
    실태조사》, 여성가족부, 2007, 70쪽.

48 단란주점영업은 주로 주류를 조리·판매하는 영업으로서 손님이
    노래를 부르는 행위가 허용되는 영업, 유흥주점영업은 주로 주류를
    조리·판매하는 영업으로서 유흥종사자를 두거나 유흥시설을 설치할
    수 있고 손님이 노래를 부르거나 춤을 추는 행위가 허용되는 영업이다.

식품위생법 시행령 제21조 제8항 참고.

49   변화순·황정임,《산업형 매매춘에 관한 연구》, 한국여성정책연구원,
2018, 54쪽.

50   식품위생법 시행령 제22조(유흥종사자의 범위) ①
제21조제8호라목에서 "유흥종사자"란 손님과 함께 술을 마시거나
노래 또는 춤으로 손님의 유흥을 돋우는 부녀자인 유흥접객원을
말한다. 남성 유흥종사자가 존재함에도 불구하고 법이 이들을
포함하지 못한다는 문제 제기는 세금 문제로 종종 대두되어왔다.
유흥종사자를 둔 유흥주점에 개별소비세(10%), 교육세(개별소비세의
3%), 취득세(12%), 재산세(4%)가 부과되는데 남성 접객원이 있는
유흥주점은 유흥종사자가 없다고 여겨져 유흥주점에 부과되는 높은
세금을 부과할 수 없었기 때문이다. 국회는 호스트바를 양성화한다는
비판 등을 고려해 이와 같은 문제 제기를 보류하던 중 2018년
1월부터 지방세법 시행령 제28조 제5항 제4호에 유흥접객원은
남녀를 불문한다는 단서를 포함해 유흥종사자의 성별 지정 문제는
공론화하지 않고 세금만 부과하는 전략을 사용했다.

51   한국형사정책연구원,《조직범죄단체의 불법적 지하경제 운영실태와
정책대안 연구(Ⅱ)》, 한국형사정책연구원, 2015, 230쪽.

52   민가영,〈성매매를 통한 친밀함의 모방: 성매매와 성매매 아닌 것의
경계를 허무는 착취〉,《한국여성학》제35권 제1호, 한국여성학회,
2019, 126쪽.

53   유흥업소에서 여성이 특정한 이미지를 체현하여 팔릴 만한 상품이
되는 과정을 김주희는 "재여성화 전략"이라 명명한다. 김주희,
〈성매매 여성 '되기'의 문화경제〉,《더 나은 논쟁을 할 권리》,
휴머니스트, 2018, 82쪽.

54   박정미,〈한국 성매매정책에 관한 연구: '묵인-관리체제'의 변동과
성판매여성의 역사적 구성, 1945~2005년〉, 서울대학교 대학원
박사학위논문, 2011.

55   1948년《동아일보》의 한 기사에 '접객부'라는 용어가 처음 등장한다.
기사에 따르면 당시 고급 요정들이 폐지됨에 따라 요정에서 일하던

기생·여급·직부를 접대부로 칭하고 "손님의 안내와 음식물의 운반에만 그 직책을 국한하기로 결정하였던 것을 앞으로는 합석대작까지 할 수 있으되 가무음곡만은 금지하기로 변경"한다. 김주희, 〈발전과 접대의 이중주〉, 《여성과 인권》 제8호, 2012, 35쪽.

56 박정미, 〈한국 기지촌 성매매정책의 역사사회학, 1953-1995년: 냉전기 생명정치, 예외 상태, 그리고 주권의 역설〉, 《한국사회학》 제49집 제2호, 2015.

57 박정미, 2011, 같은 글.

58 김민경, 〈국가가 미군 기지촌 성매매 조장" 첫 판결…배상범위 확대〉, 《한겨레》, 2018년 2월 8일 자.

59 감염병의 예방 및 관리에 관한 법률 제19조는 다음과 같다. "제19조(건강진단) 성매개감염병의 예방을 위하여 종사자의 건강진단이 필요한 직업으로 보건복지부령으로 징하는 직업에 종사하는 자와 성매개감염병에 감염되어 그 전염을 매개할 상당한 우려가 있다고 시장·군수·구청장이 인정한 자는 보건복지부령으로 정하는 바에 따라 성매개감염병에 관한 건강진단을 받아야 한다. 〈개정 2010. 1. 18.〉" 제19조의 보건복지부령에 해당하는 별표에는 성매개감염병에 관한 검강진단을 받아야 하는 대상과 건강진단 항목과 횟수 등이 규정되어 있다. 2021년 개정 전까지의 대상자는 청소년 보호법 시행령 제6조 제2항 제1호에 따른 영업소의 여성종업원, 식품위생법 시행령 제22조 제1항에 따른 유흥접객원, 안마사에 관한 규칙 제6조에 따른 안마시술소의 여성종업원 등으로 규정되어 있었으나, 2021년 7월 개정에 따라 이 별표에서 '여성'이라는 단어는 삭제되었다.

60 2021년 7월, 질병관리청은 법제처의 2019 차별법령정비 사업의 권고에 따라 건강진단의 대상이 되는 업종 종사자의 성별과 상관없이 모두에게 건강검진을 강제하겠다고 발표했다. 그러나 법제처와 질병관리청의 이와 같은 결정은 감염병의 예방 및 관리에 관한 법률 제19조의 문제를 해결하지 못한다. 그 이유로는 첫째, 질병관리청과 법제처는 감염병의 예방 및 관리에 관한 법률 제19조가 강제하는 특정

업종의 배경에 높은 성매매 알선율이 있다는 현실을 여전히 무시하고
있다. 둘째, 실제로 해당 업종 종사자를 통해 성매개 감염병이
확산된다는 사실관계가 밝혀진 바가 없음에도 이들을 통제하면
감염병을 예방할 수 있다는 발상은 낙인과 편견에서 비롯했을 뿐이다.
셋째, 강제 검진을 통한 감염병 예방법은 감염된 자를 환자로 보고
적절한 치료와 관리를 취하는 것이 아니라 이들을 감염병의 원인으로
보고 통제하려는 감염병 질환자에 대한 혐오가 묻어 있는 접근
방법에 불과하다. 이에 대한 자세한 내용은 다음을 참고할 것. 이룸,
〈[2021이룸의 시대한탄②] 남녀 모두를 차별하면 성차별이 해소된다?
법제처는 차별에 대한 이해 없는 차별법령정비안을 시정하라!〉, 이룸
홈페이지(e-loom.org), 2021년 8월 4일.

61 박정미, 〈발전과 섹스: 한국 정부의 성매매 관광정책, 1955-1988년〉,
《한국사회학》 제48집 제1호, 2014.

62 이세아, 〈서울 강남에 '명품건전클럽' 운영 계획…누리꾼 "웃기시네"〉,
《여성신문》, 2014년 11월 24일 자.

63 국립국어원 '우리말샘'에서만 그 정의를 찾을 수 있다. '우리말샘'은
온라인으로 단어의 의미를 기입하고 사용자들이 수정할 수 있는
플랫폼으로 공식적인 국어사전이라고 보기는 어렵지만 한국 사회가
해당 용어를 어떻게 인식하고 정의하는지 참고할 수 있다.

64 1999년까지의 신문기사는 '네이버뉴스라이브러리'를 통해, 2000년대
기사는 '빅카인즈'를 통해 "보도 접대부", "보도방"으로 검색한 결과다.

65 "십대소녀들을 고용, 룸살롱에 호스티스로 소개시켜 소개비로 1인당
하루 4천원을 받아온 이현호씨를 직업안정법위반혐의로 구속했다.
강남구 논현동 유정주차장 지하에 호스티스소개업체인 GG보도
사무실을 차려놓고 김모양등 10대소녀 10명을 룸살롱에 소개시켜주고
지난 5일까지 모두 2백2십여만원을 받아왔다는 것이다." 《경향신문》,
1988년 12월 7일 자; "미성년자를 술집등에 접대부로 알선한 이른바
'보도집'", 《동아일보》, 1992년 10월 15일 자; "십대소녀 유흥업소
접대부로 소개알선책 18명 구속 속칭 보도사무실", 《동아일보》,
1996년 8월 9일 자; "십대 여자들에게 공짜로 술먹고 놀면서 돈벌 수

있는 일을 원하면 전화하라고 알렸다. 휴대폰과 빌린 그랜저승용차만
있으면 가능한 일이다."《경향신문》, 1997년 8월 2일 자.

66 이수형, 〈보도방 엄중 처벌 업자 최고 10년형〉, 《동아일보》, 1999년
7월 12일 자.

67 "인계동 일대에서 노래방 도우미는 이미 공공연한 일"이라며
"생활이 어려운 주부나 이혼녀 등이 보도사무실 등을 통해 노래방을
알선받는다."《문화일보》, 2001년 8월 6일 자. 후속 기사에서
노래문화업연합회 심재확 회장이 경찰에 도우미 중간알선책인
보도사무실을 대대적으로 단속하라는 요청을 했다는 인터뷰가
실리기도 한다.《문화일보》, 2001년 8월 14일 자.

68 "'경기도지역 성매매 실태조사' 보고서에 따르면 …… 경기도내
매춘여성은 모두 11만 9,571명. 이 가운데 단란·유흥주점이
5만 8,415명으로 전체의 48.8%를 차지했고 이어 보노방 3만
4,932명(29.1%), 숙박업 9,683명, 티켓다방 4,152명, 방석집 등
3,418명, 안마시술소 2,504명의 순이었다." 김은정, 〈신도시 '윤락타운'
번성〉, 《경향신문》, 2002년 2월 23일 자.

69 박정미, 2011, 같은 글.

70 2003년의 한 기사는 "인터넷과 휴대폰"이 "전통 윤락업소촌"을
밀어내고 있으며, 성매매가 "사이버 보도방" "인터넷 포주"를 통해
이루어지고 있으며 성매매 여성들 역시 "휴대폰과 인터넷을 이용해
출퇴근하는 업소를 선호"한다고 보도했다. 문성현, 〈'휴대폰 윤락'
활개…홍등가에 찬바람〉, 《경향신문》, 2003년 11월 22일 자.

71 김주희, 〈한국 성매매 산업의 금융화와 여성 몸의 '담보화' 과정에 대한
연구〉, 이화여자대학교 대학원 박사학위논문, 2015.

2장. 룸살롱 공화국의 '홍겨움'

1 후발 주자인 '알고○'은 여성 인권을 중심에 두고 있다며 자신을
차별화한다. "성매매는 불법"이라고 적어 성매매업소가 아닌

유흥업소를 알선하는 곳으로 정체화하지만, 업소를 유형별로
소개하는 내용에는 2차 유무가 적혀 있는 등 성매매와 접대의 경계가
불분명한 성산업의 특성이 그대로 드러난다. 해당 업소에서 어떤 일을
하는 곳인지 정확한 정보를 알고 방문하라는 전언을 담고 있으며
여성들의 '필요'에 따라 제대로 알고 방문할 것을 권한다. 'ㅋ알바'는
여성들이 경험하는 법적 문제를 변호사로부터 무료로 상담받을 수
있는 '무료법률자문' 게시판을 개설하고 수익의 일부를 입양 및 장애인
단체에 후원한다고 홍보한다. 유흥업소의 '합법성'에 기댄 유흥업소
구인구직 사이트의 운영실태와 이들이 구성하는 담론에 대한 후속
연구 역시 필요하다는 생각이다.

2   이들 사이트의 주소는 계속 변화하며 폐쇄와 재개를 반복하므로
주소를 별도로 기입하지 않았다. 2018년 9월 다시함께상담센터와
성매매문제해결을위한전국연대는 '밤○ 전쟁'을 성매매 알선 등
혐의로 공동고발했다. 2019년 9월 '밤○ 전쟁' 운영자는 1심에서
징역 1년형을, 사이트에 광고를 게시한 성매매업소 업주는 벌금형을
선고받았다. '밤○ 전쟁' 운영자는 과거 '아찔한 밤', '아찔한 달리기'
등 거대 후기사이트를 연달아 운영해온 것으로 알려져 있다. 노지민,
〈성매매 사이트 단속·폐쇄 엄격 대응해야〉, 《미디어 오늘》, 2019년
9월 20일 자.

3   이 사이트 가운데 '악○알바', '여○알바'는 성매매 알선으로
2017년 서울 소재 성매매피해상담소 4곳이 공동고발한 바 있으나
'성매매 알선' 여부를 밝히기 쉽지 않아 '여○알바'는 혐의없음으로
종결되었다. 2020년 11월, '악○알바' 운영자1은 징역 10개월에
집행유예 2년, 보호관찰처분 및 120시간 수강명령과 126만 6,000원의
추징을 선고받았고, 운영자2는 벌금 500만 원의 형에 그쳤다.

4   김주희, 〈한국 성매매 산업의 금융화와 여성 몸의 '담보화' 과정에 대한
연구〉, 이화여자대학교 대학원 박사학위논문, 2015, 120쪽.

5   신동원, 〈성구매 행위와 남성 성문화〉, 숙명여자대학교 대학원
석사학위논문, 2005; 김주희, 〈성산업 공간인 티켓 영업 다방 내 십대
여성의 '일'에 관한 연구〉, 이화여자대학교 대학원 석사학위논문,

2006; Elizabeth Bernstein, "Bounded Authenticity and the Commerce of Sex", *Intimate Labors: Cultures, Technologies, and the Politics of Care,* Stanford University Press, 2010; 김현경, 〈'여자 되기'와 '애인이라는 노동': 미디어 정동 경제에서 여자 연예인 지망생/ 신인의 일〉, 《사이間(SAI)》 제19호, 2015.

6   신동원, 〈성구매 행위와 남성 성문화〉, 숙명여자대학교 대학원 석사학위논문, 2005, 18쪽..

7   신동원, 같은 글, 52쪽.

8   Elizabeth Bernstein, 같은 글.

9   김주희, 2015, 같은 글; 김현경, 같은 글.

10 김경희, 〈대인 서비스 노동의 특징에 관한 연구〉, 《경제와 사회》 제72호, 2006, 210쪽.

11 유흥업소 접대 과정을 아웃소싱 개념으로 재구성하는 시도는 제21회 서울국제여성영화제 쟁점 포럼 〈선을 넘은 남자들, 벽을 깨는 여자들: 룸, 테이블 클럽의 성정치〉의 기획에 빚지고 있다. 이 글에서는 아웃소싱 개념을 고용형태가 아닌 문화적 의미를 강조하는 데 활용했다.

3장. 유흥종사자의 아가씨노동

1   정희진, 《페미니즘의 도전》, 교양인, 2005.

2   전희경, 〈1960~80년대 젠더-나이체제와 '여성' 범주의 생산〉, 《한국여성학》 제29권 제3호, 49쪽.

3   전희경, 같은 글, 65쪽.

4   전희경, 같은 글.

5   김주희, 〈성매매 피해 여성은, 성노동자는 누구인가?〉, 《성의 정치 성의 권리》, 자음과모음, 2012, 122쪽.

6   실비아 페데리치, 《캘리번과 마녀》, 황성원·김민철 옮김, 갈무리, 2011; 실비아 페데리치, 《혁명의 영점》, 황성원 옮김, 갈무리, 2013; 마리아

미즈, 《가부장제 자본주의》, 최재인 옮김, 갈무리, 2014; 낸시 폴브레, 《보이지 않는 가슴》, 윤자영 옮김, 또하나의문화, 2007; 앨리 러셀 혹실드, 《감정 노동》, 이가람 옮김, 이매진, 2009.

7　심선희, 〈여성노동의 새로운 분석도구로서 심미노동의 개념과 유용성 탐색〉, 《한국여성학》 제33권 제4호, 2017.

8　Boris·Parreñas, "Introduction", *Intimate Labors: Cultures, Technologies, and the Politics of Care,* Stanford University Press, 2010.

9　김주희, 〈성매매 여성 '되기'의 문화경제〉, 《더 나은 논쟁을 할 권리》, 휴머니스트, 2018; 박다위, 〈성매매 여성의 다이어트 경험과 몸의 정치학〉, 성공회대학교 NGO대학원 석사학위 논문, 2018.

10　심선희, 같은 글.

11　이진경, 《서비스 이코노미: 한국의 군사주의·성 노동·이주 노동》, 나병철 옮김, 소명출판, 2015.

12　신시아 인로, 《바나나, 해변, 군사기지》, 권인숙 옮김, 청년사, 2011.

13　Boris·Parreñas, 같은 글.

14　이승주, 〈집단적 성구매를 통해 구축되는 남성성과 남성들 간의 관계맺기〉, 이화여자대학교 대학원 석사학위논문, 2009.

15　허윤은 남성의 폭력이 활동성과 추진력, 적극성 등으로 장려되는 한국 사회의 젠더 규범 속에서 "'나쁜 남자'가 남자다운 남자라는 공통감각"이 형성되기 때문에 남성들은 소위 '나쁜 짓'으로 연대감을 획득한다고 분석한다. 허윤, 〈들어가는 말: 그런 남자는 없다〉, 《그런 남자는 없다》, 연세대학교 젠더연구소 엮음, 허윤·손희정 기획, 오월의봄, 2017.

16　민가영, 〈성매매를 통한 친밀함의 모방: 성매매와 성매매 아닌 것의 경계를 허무는 착취〉, 《한국여성학》 제35권 제1호, 2019.

17　Teela Sanders, "'It's Just Acting': Sex Workers' Strategies for Capitalizing on Sexuality", *Gender, Work and Organization* Vol.12 No.4, 2005.

18　신경아, 〈감정노동의 구조적 원인과 결과의 개인화: 콜센터

여성노동자의 사례연구〉,《산업노동연구》제15권 제2호, 2009.

19 Kimberly Kay Hoang, "Emotional Labor in Ho Chi Minh City's Sex Industry", *Intimate Labors: Cultures, Technologies, and the Politics of Care,* Stanford University Press, 2010.

20 조직범죄단체의 조직원들은 술값을 지불하지 않고, 자해를 하거나 경찰에 신고하겠다고 하는 등 술에 취한 손님과의 갈등을 유흥업소에 "깡패"가 개입할 수밖에 없는 이유로 설명한다. 한국형사정책연구원, 《조직범죄단체의 불법적 지하경제 운영실태와 정책대안 연구(Ⅱ)》, 한국형사정책연구원, 2015, 238쪽.

21 레이첼 모랜,《페이드 포》, 안서진 옮김, 안홍사, 2019.

22 추지현,〈여자 혼자 장사하기〉,《한국여성학》제34권 제1호, 2018.

23 신동원,〈성구매 행위와 남성 성문화〉, 숙명여자대학교 대학원 석사학위논문, 2005.

24 https://queenalba.net/index_nadult.php, 이 글에서 사용된 모든 내용은 2019년 10월 5일, 10월 10일 양일간의 검색 결과를 대상으로 삼았다.

25 'ㅋ알바'의 경우 지역 검색은 무의미해 보인다. 특정 지역을 검색해도 강남, 송파 등 다른 지역 업소 광고가 동일하게 검색되었다.

26 박정미, 2011, 같은 글.

27 김주희,〈한국 성매매 산업의 금융화와 여성 몸의 '담보화' 과정에 대한 연구〉, 이화여자대학교 대학원 박사학위논문, 2015, 120쪽.

28 추지현, 같은 글.

29 추지현은 동일한 연구에서 남성 권력을 이용한 여성 사업자들의 위험대응 전략이 불안정한 관계 속에서 다른 피해를 유발하는 요인이 된다고 분석한다. '남성'이 곧 여성 종사자를 위험하게 만드는 존재이기 때문에 남성 권력을 활용한 자기보호 전략은 유흥산업에서 언제나 위태롭다. 유흥산업의 여성 종사자들은 그 불안정한 관계를 간파하고 남성 업주나 실장, 경찰이 자신을 보호해줄 것이라는 기대를 하지 않는다. 추지현, 같은 글, 89쪽.

30 민가영,〈신자유주의 질서의 확산에 따른 십대 여성의 성적 주체성

변화에 관한 연구〉, 《한국여성학》 제25권 제2호, 2009; 송제숙, 《혼자 살아가기》, 동녘, 2016; 신경아, 〈20대 여성의 새로운 노동정체성에 관한 탐색적 연구〉, 《아시아여성연구》 제56권 제2호, 2017; 김주희, 2018, 같은 글.

31 https://queenalba.net/index_nadult.php, 2019년 10월 5일 검색 기준.

32 서동진, 《자유의 의지 자기계발의 의지》, 돌베개, 2009, 34쪽.

33 반성매매인권행동 이룸의 동료와 회원들이 준 아이디어 중 일부임을 밝힌다.

34 조명아, "검사 기소율은 0.13%⋯'검사 성매매법' 따로 있나", 〈MBC뉴스〉, 2019년 10월 16일 자.

1장. 남자들의 방

권김현영, 《늘 그랬듯이 길을 찾아낼 것이다》, 휴머니스트, 2020.

김수아·이예슬, 〈온라인 커뮤니티와 남성-약자 서사 구축: 여성혐오
　　　및 성차별 사건 관련 게시판 토론의 담론 분석을 중심으로〉,
　　　《한국여성학》 제33권 제3호, 한국여성학회, 67~107쪽, 2016.

김애라, 〈십대여성의 디지털노동과 물질주의적 소녀성〉, 《한국여성학》
　　　제32호, 한국여성학회, 37~81쪽, 2016.

김엘리, 〈카키, 카무플라주, 하이브리드 남성성: 포스트근대의 군사적
　　　남성성〉, 《그런 남자는 없다》, 연세대학교 젠더연구소 엮음,
　　　허윤·손희정 기획, 오월의봄, 2017.

김예란, 〈리액션 비디오의 주목경제 K-POP의 지구적 생산과 소비를
　　　중심으로〉, 《방송문화연구》 제24호, KBS 공영미디어연구소,
　　　161~192쪽, 2012.

김주희, 〈"버닝썬 게이트'와 '테이블'의 성경제〉, 〈쟁점포럼 선을 넘은
　　　남자들, 벽을 깨는 여자들: 룸, 테이블 클럽의 성정치〉 발표문,

　　　서울국제여성영화제, 4~11쪽, 2019.

김주희, 〈발전과 접대의 이중주〉,《여성과 인권》제8호,
　　　한국여성인권진흥원, 2012.

김주희, 〈성매매 여성 '되기'의 문화경제〉,《더 나은 논쟁을 할 권리》,
　　　휴머니스트, 2018

김주희, 〈성산업 공간인 티켓 영업 다방 내 십대 여성의 '일'에 관한 연구〉,
　　　《청소년문화포럼》제14권, 한국청소년문화연구소, 133~180쪽, 2006.

김주희,《레이디 크레딧》, 현실문화, 2020.

김학준, 〈웃음과 폭력: 혐오 없는 웃음은 가능한가〉,《그런 남자는 없다》,
　　　연세대학교 젠더연구소(편), 허윤·손희정 기획, 오월의봄, 2017.

김현미, 〈젠더와 사회구조〉,《젠더와 사회》, 동녘, 2014.

린다 맥도웰,《젠더, 정체성, 장소》, 여성과 공간 연구회 옮김, 한울아카데미,
　　　2010.

민가영, 〈성매매를 통한 친밀함의 모방: 성매매와 성매매 아닌 것의 경계를
　　　허무는 착취〉,《한국여성학》제35권 제1호, 한국여성학회, 121~150쪽,
　　　2019.

밀레나 포포바,《성적 동의》, 함현주 옮김, 마티, 2020.

박정미, 〈한국 기지촌 성매매정책의 역사사회학, 1953-1995년: 냉전기
　　　생명정치, 예외 상태, 그리고 주권의 역설〉,《한국사회학》제49집
　　　제2호, 한국사회학회, 1~33쪽, 2015.

박정미, 〈한국 성매매정책에 관한 연구: '묵인-관리체제'의 변동과
　　　성판매여성의 역사적 구성, 1945~2005년〉, 서울대학교 대학원
　　　박사학위논문, 235~264쪽, 2011.

변화순·황정임,《산업형 매매춘에 관한 연구》, 한국여성정책연구원, 1998.

서동진, 〈주목경제시대의 스펙터클: 시각예술의 관객, 소비자〉,《월간미술》
　　　제391호, 월간미술, 2017.

신동원, 〈성구매 행위와 남성 성문화〉, 숙명여자대학교 대학원
　　　석사학위논문, 2005.

여성가족부,《2007 성매매 실태조사》, 여성가족부, 2008.

여성가족부,《2019 성매매 실태조사》, 여성가족부, 2020.

우에노 지즈코, 《여성혐오를 혐오한다》, 나일등 옮김, 은행나무, 2012.

윤보라, 〈디지털 거주지(digital dwelling)와 성폭력: '카카오톡 단체 채팅방 성희롱 사건'을 다시 보기〉, 《페미니즘 연구》 제20호, 한국여성연구소, 1236~165쪽, 2020.

이승주, 〈집단적 성구매를 통해 구축되는 남성성과 남성들 간의 관계맺기〉, 이화여자대학교 대학원 석사학위논문, 2009.

정희진, 〈편재(遍在)하는 남성성, 편재(偏在)하는 남성성〉, 《남성성과 젠더》, 자음과모음, 2011.

정희진, 〈한국 남성의 식민성과 여성주의 이론〉, 《한국 남성을 분석한다》, 교양인, 2017.

진경선·김수연·정유경·송현주·송민, 〈단체카톡방 언어성폭력에 대한 태도 연구〉, 《한국심리학회지:여성》 제22권 제2호, 한국심리학회, 289~313쪽, 2017.

최나욱, 《클럽 아레나》, 에이도스, 2019.

최란, 〈온/오프를 넘나드는 남성연대와 성폭력〉, 《여/성이론》 제40호, 도서출판여이연, 2019.

최태섭, 《한국, 남자》, 은행나무, 2018.

한국성폭력상담소, 《16세 이상의 '동의'》(자료집), 한국성폭력상담소, 2020.

한국형사정책연구원, 《조직범죄단체의 불법적 지하경제 운영실태와 정책대안 연구(Ⅱ)》, 한국형사정책연구원, 2015.

R. W. 코넬, 《남성성/들》, 안상욱·현민 옮김, 이매진, 2013.

[기사]

김민경, 〈국가가 미군 기지촌 성매매 조장" 첫 판결…배상범위 확대〉, 《한겨레》, 2018년 2월 8일 자.

김은정, 〈신도시 '윤락타운)' 번성〉, 《경향신문》, 2002년 2월 23일 자.

노지민, 〈'n번방 방지법'은 완성되지 않았다〉, 《미디어오늘》, 2020년 5월 7일 자.

문성현, 〈'휴대폰 윤락' 활개…홍등가에 찬바람〉, 《경향신문》, 2003년 11월 22일 자.

손지민, 〈"유출되면 끝 ㅋㅋ"… 알면서도 못 끊는 단톡 성희롱〉, 《서울신문》,
　　2020년 2월 2일 자.

이세아, 〈서울 강남에 '명품건전클럽' 운영 계획…누리꾼 "웃기시네"〉,
　　《여성신문》, 2014년 11월 24일 자.

이은영, 〈유흥업소 업주들 "정부 조치 따랐는데 업종 차별… 집합금지
　　풀어달라"〉, 《조선비즈》, 2020년 9월 14일 자.

정다연·김서현, 〈막 내리는 20대 국회 'N번방 방지법' 6개 통과…아직 남은
　　과제 있다〉, 《여성신문》, 2020년 5월 22일 자.

조윤영, 〈반성문만 79차례 조주빈…"상식이 색안경될 수도"〉, 《한겨레》,
　　2020년 9월 2일 자.

특별취재팀(with 추적단 불꽃), 〈'약한' 남성일수록 성착취에 집착한다〉,
　　《국민일보》, 2020년 3월 12일 자.

CBS 김현정의 뉴스쇼, 〈[재판정] "로이킴·에디킴 입건…'펌 사진'도
　　처벌받나요?"〉, 《노컷뉴스》, 2019년 4월 9일 자.

CBS 김현정의 뉴스쇼, 〈"룸살롱에 재난지원? 없애도 모자라" vs "강도
　　취급하나?"〉, 《노컷뉴스》, 2020년 9월 24일 자.

2장. 룸살롱 공화국의 '흥겨움'

김경희, 〈대인 서비스 노동의 특징에 관한 연구〉, 《경제와 사회》 제72호,
　　비판사회학회, 2006, 206~229쪽.

김연주, 〈페미니스트 참여관찰 연구과정에서의 윤리적 딜레마〉, 《여성주의
　　역사쓰기》, 아르케, 2012, 79~110쪽.

김주희, 〈성산업 공간인 티켓 영업 다방 내 십대 여성의 '일'에 관한 연구〉,
　　이화여자대학교 대학원 석사학위논문, 2006.

김주희, 〈한국 성매매 산업의 금융화와 여성 몸의 '담보화' 과정에 대한
　　연구〉, 이화여자대학교 대학원 박사학위논문, 2015.

김현경, 〈'여자 되기'와 '애인이라는 노동': 미디어 정동 경제에서
　　여자 연예인 지망생/신인의 일〉, 《사이間(SAI)》 제19호,

국제한국문학문화학회, 2015.

신동원, 〈성구매 행위와 남성 성문화〉, 숙명여자대학교 대학원
　　석사학위논문, 2005

이나영. 〈페미니스트 질적 연구〉, 《질적 연구방법론》, 휴머니스트, 2018.

Elizabeth Bernstein, "Bounded Authenticity and the Commerce of
　　Sex", *Intimate Labors: Cultures, Technologies, and the Politics of
　　Care*, Stanford University Press, 2010

[기사]

노지민, 〈성매매 사이트 단속·폐쇄 엄격 대응해야〉, 《미디어 오늘》, 2019년
　　9월 20일 자.

3장. 유흥종사자의 아가씨노동

국립국어원, 《사회적 소통을 위한 언어실태조사》, 국립국어원, 2017.

김주희, 〈성매매 여성 '되기'의 문화경제〉, 《더 나은 논쟁을 할 권리》,
　　휴머니스트, 2018.

김주희, 〈성매매 피해 여성은, 성노동자는 누구인가?〉, 《성의 정치 성의
　　권리》, 자음과모음, 2012.

김주희, 〈한국 성매매 산업의 금융화와 여성 몸의 '담보화' 과정에 대한
　　연구〉, 이화여자대학교 대학원 박사학위논문, 2015.

김주희, 《레이디 크레딧》, 현실문화, 2020.

낸시 폴브레, 《보이지 않는 가슴》, 윤자영 옮김, 또하나의문화, 2007.

레이첼 모랜, 《페이드 포》, 안서진 옮김, 안홍사, 2019.

마리아 미즈, 《가부장제 자본주의》, 최재인 옮김, 갈무리, 2014.

민가영, 〈성매매를 통한 친밀함의 모방: 성매매와 성매매 아닌 것의 경계를
　　허무는 착취〉, 《한국여성학》 제35권 제1호, 한국여성학회, 121~150쪽,
　　2019.

민가영, 〈신자유주의 질서의 확산에 따른 십대 여성의 성적 주체성 변화에

관한 연구〉,《한국여성학》제25권 제2호, 한국여성학회, 5~35쪽,
    2009.

박다위, 〈성매매 여성의 다이어트 경험과 몸의 정치학〉, 성공회대학교
    NGO대학원 석사학위 논문, 2018.

박정미, 〈한국 성매매정책에 관한 연구: '묵인-관리체제'의 변동과
    성판매여성의 역사적 구성, 1945~2005년〉, 서울대학교 대학원
    박사학위논문, 2011.

서동진, 《자유의 의지 자기계발의 의지》, 돌베개, 2009.

송제숙, 《혼자 살아가기》, 황성원 옮김, 동녘, 2016.

신경아, 〈20대 여성의 새로운 노동정체성에 관한 탐색적 연구〉,
    《아시아여성연구》제56권 제2호, 숙명여자대학교 아시아여성연구원,
    81~124쪽, 2017.

신경이, 〈감정노동의 구조적 원인과 결과의 개인화: 콜센터 여성노동자의
    사례연구〉,《산업노동연구》제15권 제2호, 한국산업노동학회,
    223~255쪽, 20093.

신동원, 〈성구매 행위와 남성 성문화〉, 숙명여자대학교 대학원
    석사학위논문, 2005

신시아 인로, 《바나나, 해변, 군사기지》, 권인숙 옮김, 청년사, 2011.

실비아 페데리치, 《캘리번과 마녀》, 황성원·김민철 옮김, 갈무리, 2018.

실비아 페데리치, 《혁명의 영점》, 황성원 옮김, 갈무리, 2013.

심선희, 〈여성노동의 새로운 분석도구로서 심미노동의 개념과 유용성
    탐색〉,《한국여성학》제33권 제4호, 한국여성학회, 119~146쪽, 2017.

앨리 러셀 혹실드, 《감정 노동》, 이가람 옮김, 이매진, 2009.

이승주, 〈집단적 성구매를 통해 구축되는 남성성과 남성들 간의 관계맺기〉,
    이화여자대학교 대학원 석사학위논문, 2009.

이영자, 〈신자유주의 노동시장과 여성노동자성: 노동의 유연화에 따른
    여성노동자성의 변화〉,《한국여성학》제20권 제3호, 한국여성학회,
    99~138쪽, 2004.

이진경, 《서비스 이코노미-한국의 군사주의·성 노동·이주 노동》, 나병철
    옮김, 소명출판, 2015.

전주희, 〈새로운 위험: 노동의 외주화와 위험의 교차성〉, 《문화과학》
　　제98호, 문화과학사, 36~63쪽, 2019.
전희경, 〈1960~80년대 젠더-나이체제와 '여성' 범주의 생산〉,
　　《한국여성학》 제29권 제3호, 한국여성학회, 41~79쪽, 2013.
정희진, 《페미니즘의 도전》, 교양인, 2005.
추지현, 〈여자 혼자 장사하기〉, 《한국여성학》 제34권 제1호, 한국여성학회,
　　67~104쪽, 2018.
한국형사정책연구원, 《조직범죄단체의 불법적 지하경제 운영실태와
　　정책대안 연구(Ⅱ)》, 한국형사정책연구원, 2015.
허윤, 〈들어가는 말: 그런 남자는 없다〉, 《그런 남자는 없다》, 연세대학교
　　젠더연구소 엮음, 허윤·손희정 기획, 오월의봄, 2017.
Boris·Parreñas, "Introduction", *Intimate Labors: Cultures,*
　　Technologies, and the Politics of Care, Stanford University Press,
　　2010.
Kimberly Kay Hoang, "Emotional Labor in Ho Chi Minh City's Sex
　　Industry", *Intimate Labors: Cultures, Technologies, and the*
　　Politics of Care, Stanford University Press, 2010.
Teela Sanders, "'It's Just Acting': Sex Workers' Strategies for
　　Capitalizing on Sexuality", *Gender, Work and Organization* Vol.12
　　No.4, 2005.

[기사]
조명아, "검사 기소율은 0.13%…'검사 성매매법' 따로 있나", 〈MBC뉴스〉,
　　2019년 10월 16일 자.

남자들의 방

초판 1쇄 펴낸날 2022년 2월 4일
초판 2쇄 펴낸날 2022년 5월 20일
지은이 황유나
펴낸이 박재영
편집 이정신·임세현·한의영
마케터 신연경
디자인 조하늘
제작 제이오
펴낸곳 도서출판 오월의봄
주소 경기도 파주시 회동길 363-15 201호
등록 제406-2010-000111호
전화 070-7704-5240
팩스 0505-300-0518
이메일 maybook05@naver.com
트위터 @oohbom
블로그 blog.naver.com/maybook05
페이스북 facebook.com/maybook05
인스타그램 instagram.com/maybooks_05

ISBN 979-11-6873-003-8 03330

만든 사람들
책임편집 이정신
디자인 조하늘